Bienvenue en Israël !

Désert de sel.

Révérée par le judaïsme, l'islam et la chrétienté, cette terre qui a vu passer les Egyptiens, les Babyloniens, les Perses, les Grecs, les Romains, les Croisés, les Arabes, les Mamelouks et les Anglais est l'un des lieux les plus chargés d'histoire au monde. Terre promise, terre de religions, si petite au centre de toutes les attentions, si précieuse qu'elle enflamme les passions : rien qui ne pousse ici n'est remis au vent, Israël et les Territoires palestiniens forment une nébuleuse complexe. Un Etat jeune sur une terre ancestrale, un Etat où beaucoup reste à créer, une terre où des hommes se battent pour ne rien perdre de leur identité. Les cultures, les hommes et les images fusent, se croisent, s'entrechoquent et s'enrichissent pour composer au final un tableau aussi insaisissable que mouvant. Israël ne se raconte pas, Israël se vit, car Israël s'invente comme ces lieux partagés entre un passé historique et biblique, et le présent, moderne et cosmopolite. Il faut fricoter avec Tel Aviv, plonger dans l'ambiance unique de Jérusalem, visiter Haïfa, Safed et Nazareth, goûter aux mers Morte, Rouge ou Méditerranée, explorer les parcs naturels de Galilée et du Néguev...

Mur des Lamentations, jour du shabbat.

Sommaire

Découverte

Visite

Dôme du Rocher à Jérusalem.

© ATAMU RAHI - ICONOTEC

La via dolorosa dans Jérusalem.

Pense futé

MER MÉDITERRANÉE
GAZA
JUDÉE
Mer morte
Ashqelon
Nir Yisra'el
Negba
Talme Yafe
Yad Mordekhay
Gal'on
Qiryat Gat
Bet Nir
Bet Guvrin
Newe Mikha'el
Betar Illit
Bethléem
Kefar Ezyon
Efrat
Teqoa
Teqoa
Karme Zur
Qalya
Quman
Déset de judée
Mizpe Shalem
Qiryat Arba
Hebron
Sederot
Sede Dawid
Ruhama
Dorot
Bet Qama
Zimrat
Nahal Oz
Talme Bilu
Netivot
Rahat
Re'im
Pattish
Tifrah
Evahim
Ofaqim
Urim
Yatta
Dhahiriya
Lahav
Ruines de Rimmon
Keramim
Metar
Shani
Karmel
Ma'on
Sussya
Mezadot Yehuda
En' Gedi
Massada
Omer
Hura
Kuseifa
Arad
Nir Yizhaq
Sede Nizzan
Kerem Shalom
Gvulot
Be'er Sheva
Vallée de Be'er Shava
Vallée d'Arad
Arara Banegev
Dimona
Al Arish
Désert d'Haluza
Retamim
Revivim
Mashabbe Sade
Yeroham
Mamshit
Désert d'Agur
Désert de Shunra
Ashalim
Telalim
Hamakhtesh Hagadol
Hamakhtesh Haqatan
Bi'r Lahfan
Nizzana
Sede Boqer
Tombe de Ben Gourion
Avdat
Désert de Zin
Abu Ujaylah
Désert du neguev
Ak Karak
As Safi
9
35
38
34
232
40
60
90
25
241
234
80
31
222
224
204
211
227

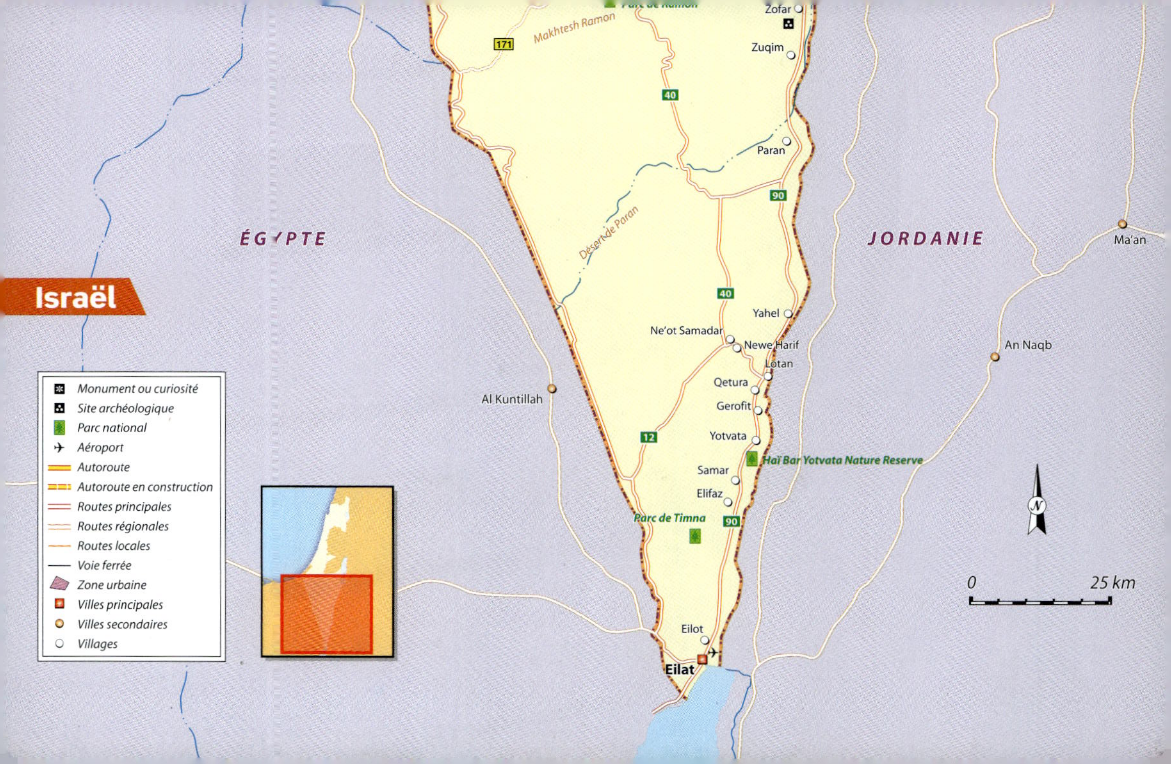
Israël
ÉGYPTE
JORDANIE
Zofar
Zuqim
Makhtesh Ramon
171
40
Paran
90
Désert de Paran
40
Yahel
Ne'ot Samadar
Newe Harif
Lotan
Qetura
Gerofit
Yotvata
Haï Bar Yotvata Nature Reserve
12
Samar
Elifaz
Parc de Timna
90
Eilot
Eilat
Al Kuntillah
An Naqb
Ma'an
0
25 km
Monument ou curiosité
Site archéologique
Parc national
Aéroport
Autoroute
Autoroute en construction
Routes principales
Routes régionales
Routes locales
Voie ferrée
Zone urbaine
Villes principales
Villes secondaires
Villages

Dôme du rocher. © S.NICOLAS – ICONOTEC

Les plus d'Israël

Une histoire millénaire

Israël est sans aucun doute l'un des lieux les plus chargés d'histoire. Une histoire à la fois complexe et exceptionnelle où se mêlent les destins des grandes civilisations. Pour le voyageur, le pays offre un fascinant voyage dans le temps qui commence sur les traces des Ecritures bibliques, dans des paysages de début du monde. Ainsi, la ville de Jéricho fut fondée il y a environ 9 000 ans, ce qui en fait une des plus anciennes cités du monde.

La région fut non seulement un berceau des premières civilisations, mais aussi une terre convoitée par tous les grands empires, qui y laissèrent des traces, souvent spectaculaires, de leur présence.

Une terre sacrée pour tous

La « Terre sainte » est le berceau de deux grandes religions monothéistes, le judaïsme et le christianisme, et abrite aussi plusieurs lieux sacrés de l'islam. Depuis des siècles, tous se croisent et se retrouvent sur le sol de la Palestine, terre sacrée et chargée de symboles pour ces trois grandes religions. Leurs lieux de culte, éparpillés sur tout le territoire, s'appellent Jérusalem, Hébron, Bethléem, Jéricho, le lac de Tibériade... Autant de noms qui trouvent un puissant écho auprès de centaines de millions d'hommes et de femmes dans le monde, qu'ils soient des croyants, des érudits ou des poètes. C'est à Jérusalem que la ferveur religieuse est la plus perceptible. Et c'est là également que ce voyage dans le temps est le plus émouvant.

Une mosaïque de paysages

Dans ce pays aux dimensions très modestes, la diversité des paysages est tout à fait surprenante. A l'ouest s'étend la côte méditerranéenne, avec ses plages mais également avec son arrière-pays et ses plaines fertiles. Au nord, la Galilée multiplie ses paysages verdoyants et ses cascades. Au sud, enfin, les paysages arides et désertiques du Néguev sont propices à la randonnée. De nombreuses réserves naturelles réparties à travers le pays permettent d'admirer à loisir cette nature infiniment variée.

Un climat clément toute l'année

Israël, pays très ensoleillé, est une destination agréable toute l'année. L'été y dure d'avril à octobre, et l'hiver n'est froid que dans les régions montagneuses.

Oasis d'Ein Gedi.

Fiche technique

Argent

En Israël, l'unité monétaire est le nouveau shekel (abréviation : NIS, code ISO : ILS). Un shekel comprend 100 agorots. Il existe des billets de 10, 20, 50 et 100 shekels, des pièces de monnaie de 1 et 5 shekels, et de 5, 10 et 50 agorots.

- **Taux de change (octobre 2013) :** 1 € = 4,80 NIS ; 1 NIS = 0,20 €.

Israël en bref

- **Capitale :** Jérusalem, pour Israël et Tel Aviv, pour la communauté internationale.
- **Superficie :** 20 700 km².
- **Langues officielles :** hébreu, arabe.
- **Religions :** judaïsme (76 %), islam (20 %), christianisme (2 %).

La population

- **Nombre d'habitants :** 7,6 millions (en 2011).
- **Espérance de vie :** 78,5 ans pour l'homme et 82,5 ans pour la femme.
- **Taux d'alphabétisation :** 97,1 %.

L'économie

- **PIB national (2011) :** 245 Mds US$
- **PIB / habitant (2011) :** 31 000 US$.
- **Taux de chômage (2011) :** 6,6 %.

Téléphone

- **Téléphoner à l'intérieur d'Israël :** indicatif régional avec zéro + les 7 chiffres du numéro local.

Drapeau israélien

Le drapeau d'Israël a été adopté par le mouvement sioniste au XIXe siècle et conservé tel quel lors de la création de l'Etat d'Israël en 1948. Il comporte en son centre l'étoile de David, ou « Maguen David » (de l'hébreu littéralement « bouclier de David »). On ne connaît pas l'origine de cette étoile qui n'est pas un symbole religieux. Ses proportions, ses couleurs (blanc et bleu) et ses deux bandes horizontales évoquent le « talith », châle de prière juif.

- **Téléphoner de France en Israël :** 00 + 972 + indicatif régional ou de portable sans zéro + les 7 chiffres du numéro local.
- **Téléphoner d'Israël en France :** 00 + 33 + indicatif régional sans zéro + les 8 chiffres du numéro local.

Saisonnalité

La haute saison touristique s'étend du 1er juillet au 30 août, ainsi que de mi-décembre au 1er janvier. Les périodes de mi-septembre au 20 octobre et du 1er avril à début mai sont également chargées. Elles varient aussi en fonction du calendrier des fêtes juives.

Israël en 10 mots-clés

© CÉLINE MAGNIN

Célébration d'une bar-mitzvah.

Aliyah

Aliyah en hébreu signifie « montée », ou « élévation spirituelle », et désigne le fait, pour un Juif, d'immigrer en Terre sainte (Eretz Israël, en hébreu). Pendant des siècles, il y a eu une immigration individuelle religieuse visant à vivre près des lieux saints du judaïsme. En 1881, 25 000 Juifs religieux habitaient à Jérusalem, Safed, Tibériade et Hébron, les 4 villes saintes. Dès 1878 (date de la création de Petah Tikva, première communauté agricole juive), apparut une nouvelle immigration : celle de Juifs sionistes, ces nationalistes, souvent laïcs, voulant créer à terme un Etat pour le peuple juif en Palestine. Ce mouvement s'amplifie face aux discriminations en Europe occidentale et surtout aux persécutions en Europe orientale (pogroms). On peut diviser cette aliyah sioniste en deux grandes vagues : avant la création de l'Etat d'Israël (1948) et après. En 1950 fut votée la Loi du retour, donnant à tout Juif le droit d'immigrer en Israël et d'y devenir citoyen. Un droit encouragé par les autorités israéliennes qui ont mis en place ce qu'on appelle un « panier d'intégration » pour les olim (nouveaux immigrants). Aide financière et facilité de logement, cours gratuits d'hébreu et accompagnement dans la recherche d'un travail : les olim sont largement encadrés dans leurs démarches la première année de l'aliyah.

Bible

La Bible (du grec biblion, livre) est le nom sous lequel on désigne une large collection de textes anciens considérés comme sacrés par les juifs et les chrétiens. La principale différence entre la Bible juive et la Bible chrétienne vient de l'ajout de livres qui vont constituer le Nouveau Testament (les Evangiles et les Actes, les Lettres des apôtres et l'Apocalypse). Ce dernier, qui aurait été écrit par les disciples de Jésus, est considéré par les chrétiens comme le récit de la nouvelle alliance de Dieu avec les hommes. Les Juifs, quant à eux, ne le reconnaissent pas.

Casher

Le terme « casher » ou « kocher » désigne tout ce qui est conforme à la loi du judaïsme. On l'emploie essentiellement en ce qui concerne l'alimentation et les boissons : une série de lois permettent de déterminer si un aliment est ou non permis à la consommation, en fonction de sa provenance, de sa préparation et des associations entre eux. Cet ensemble de règles d'alimentation s'appelle la Casherout. Vous identifierez les aliments ainsi que les établissements casher dès que vous verrez ce mot : כשר

Hassidisme

Le mouvement hassidique (de l'hébreu « Hassidout » : piété) a été fondé au XVIIIe siècle, en Ukraine (en territoire polonais à l'époque), par Rabbi Israël ben Eliézer, ou Baal Shem Tov. Il prône une étude de la Torah dans la joie, mais aussi dans l'obéissance stricte du rabbin. A l'époque, les pogroms et les persécutions ont débouché sur un appauvrissement généralisé et une démoralisation de la communauté juive d'Europe de l'Est. La plupart des gens essayent de se procurer quelques maigres revenus, et l'étude du Talmud est réservée à une élite d'érudits. La vie religieuse souffre d'un manque d'intensité. C'est dans ce contexte que va se répandre le hassidisme qui met l'accent sur la célébration de Dieu par la musique, la danse et le chant. Le mouvement séduit les masses populaires, mais sa propagation rencontre une très vive opposition de la part des élites et des autorités rabbiniques qui craignent de le voir évoluer vers l'hérésie. Les relations s'amélioreront beaucoup dans la seconde moitié du XIXe siècle même si, aujourd'hui encore, des différences de pratiques religieuses et d'organisation existent toujours entre les hassidim et d'autres mouvements juifs ultra-orthodoxes. Les Juifs hassidiques continuent aujourd'hui encore de porter le costume des ghettos du XIXe siècle : les célèbres manteaux et chapeaux noirs, parfois en fourrure.

Juifs devant le Mur des Lamentations.

© ALAMER – ICONOTEC

Menorah devant la Knesset.

Kabbale

La Kabbale (Qabalah en hébreu) est une tradition mystique juive, qui se concentre sur la signification la plus profonde, la plus dissimulée, des mots et des lettres qui composent la Torah. Selon la tradition juive, ce niveau de compréhension a été révélé à Moïse au mont Sinaï en même temps que la loi écrite, mais il a été réservé, en raison de sa complexité, à un petit nombre d'initiés. Le principal ouvrage de la Kabbale est le Zohar (Livre de la Splendeur), qui aurait été écrit au IIe siècle par le Rabbi Shimon bar Yohaï (une autre école de pensée considère que ce livre a été écrit par Moïse de Léon, un rabbin espagnol, au XIIIe siècle).

Kibboutz

En hébreu, « kibboutz » signifie « assemblée » ou « ensemble ». Le « kibboutz » (au pluriel « kibboutzim ») est une exploitation agricole collective fondée sur la propriété commune de tous les biens. Il existe environ 270 « kibboutzim » en Israël, et le nombre de leurs membres peut varier de cent à plus de mille personnes. Le « kibboutz » reste le symbole d'un collectivisme spécifiquement israélien, de l'idéal communautaire des premiers immigrants et, loin des « kolkhozes » et autres « sovkhozes », de la réussite économique israélienne, en particulier en matière d'agriculture et d'autosuffisance alimentaire. Aujourd'hui, les « kibboutzniks » (habitants des « kibboutzim ») représentent moins de 2 % de la population israélienne. Et le principe de l'égalité absolue entre tous les membres n'est plus : la grande majorité des « kibboutzim » a aujourd'hui été entièrement ou partiellement privatisée.

Kippa

Vous verrez de nombreuses personnes, y compris parmi les jeunes, porter ce petit couvre-chef arrondi qui témoignent qu'ils sont pratiquants. Le Talmud nous apprend que le port de la kippa (au pluriel, kippot) a pour but de rappeler que Dieu est l'Autorité suprême « au-dessus de nous ». Le style de kippa portée est souvent révélateur de l'appartenance à un groupe. Ainsi, les étudiants de yeshivot (écoles religieuses) portent

© CÉLINE MAGNIN

Le roi de la kippa.

une kippa de velours noir, les juifs sionistes portent souvent une kippa crochetée de couleur, et de nombreux juifs hassidiques portent une toque en fourrure pour Shabbat et les jours de fête. Pour entrer dans une synagogue ou approcher du mur des Lamentations, tous les hommes, Juifs ou non-Juifs, devront se couvrir d'une kippa. Celle-ci peut vous être prêtée à l'entrée des lieux religieux les plus touristiques.

Maguen David

Il s'agit de l'étoile de David. L'étoile à six branches n'est devenue l'emblème de la religion juive que vers le XVIe siècle. Elle représente, selon la tradition juive, l'emblème du roi David et serait aussi bien symbole du Messie (de lignée davidique). Elle est aujourd'hui également l'emblème de l'Etat d'Israël et figure sur son drapeau. Si elle est devenue le symbole d'espérance et de la résurrection du peuple d'Israël, elle a traversé des épisodes bien plus sombres. Dans l'inconscient collectif, elle reste indissociable de l'époque du nazisme où Hitler avait obligé tous les juifs à la porter en jaune, sur leurs vêtements. A savoir, Maguen David Adom, « l'Etoile de David rouge », est le nom et l'emblème des services médicaux d'urgence, l'équivalent de la Croix Rouge pour les chrétiens et du Croissant-Rouge chez les musulmans.

Mezouza

« Et tu écriras les paroles de Dieu sur les poteaux de ta maison et sur tes portes. » (Deutéronome). Fixée sur l'encadrement droit de la porte d'entrée et à l'encadrement de chaque porte, excepté la salle d'eau, la mezouza protège et sanctifie les habitants de la maison juive. C'est un étui qui contient deux extraits du Deutéronome : Shema, affirmant l'unité de Dieu, et Vehaya, rappelant qu'Il récompensera ou punira. Les juifs pieux ont coutume de toucher la mezouza en entrant et de porter les doigts à leur bouche. Mais la plupart des juifs non religieux en placent également une devant leur porte : presque 100 % des maisons israéliennes en sont pourvues. Vous verrez aussi des *mezouza* dans les hôtels. Les *mezouza* sont habituellement très simples, en bois, en verre ou en métal, mais peuvent devenir très excentriques, avec des couleurs fluo, comme vous pourrez en voir sur certains marchés.

Mitzvah

Ce mot signifie « prescription », en hébreu. Selon la tradition juive, la Torah compte 613 « mitzvot » que les juifs se doivent de respecter. Ces prescriptions étant essentiellement (mais pas seulement) d'ordre éthique ou moral, le terme *mitzvah* en est venu à désigner une bonne action. La bar-mitsvah est, quant à elle, la première communion du jeune garçon juif, en même temps que son passage à l'âge adulte et à la majorité religieuse. A l'âge de treize ans, le futur initié lit un passage de la Torah à la synagogue, en présence de toute sa famille et d'un rabbin. Puis on chante, on danse et on lui fait des cadeaux. Il fera désormais partie à part entière de la communauté religieuse. Pour les jeunes filles, il existe la bat-mitsvah. Cependant la majorité religieuse de ces dernières, à l'âge de 12 ans, n'est marquée par une cérémonie que depuis récemment et uniquement dans le judaïsme non-orthodoxe.

Survol d'Israël

Géographie

Israël est situé au carrefour de deux continents : l'Asie et l'Afrique. Carrefour géographique et carrefour culturel entre le monde arabe, l'Afrique du Nord et l'Europe. Le pays est délimité à l'ouest par la Méditerranée (273 km de littoral), au nord par le Liban (79 km de frontière), à l'est par la Syrie (76 km), la Jordanie (238 km) et la Cisjordanie (307 km), au sud par le golfe d'Aqaba (mer Rouge) et à l'ouest par l'Egypte (255 km) et la bande de Gaza (51 km). Avec la Jordanie, Israël possède une frontière naturelle : c'est le rift qui sépare la plaque africaine, à l'ouest, de la plaque arabique, à l'est, et qui constitue la plus longue vallée du monde. La longue dépression du rift commence à la mer Rouge, forme le désert d'Arava entre les montagnes du Néguev et les montagnes jordaniennes, puis la mer Morte qui, à près de 400 m au-dessous du niveau de la mer, constitue le point le plus bas du globe. Au nord de cet extraordinaire lac salé, la fracture se poursuit par la vallée du Jourdain, le lac de Tibériade et la vallée de Hula au pied des montagnes du Golan. A l'ouest du rift, la majeure partie de la Terre sainte est faite de montagnes rocheuses et souvent arides : celles du désert du Néguev au sud, contrefort du Sinaï et extrémité du Sahara, se prolongent par les plateaux du désert de Judée et la Samarie, puis le mont Hermon (qui culmine à 1 208 m), la Galilée et le Golan. Tout cela ne laisse que peu de zones de plaine, essentiellement le long de la côte méditerranéenne. Tant de variété dans un espace si restreint !

Voiliers naviguant sur la mer Rouge.

© ANDREA NERI

Aux alentours de Jérusalem, au bord de l'A1, vers la mer Morte.

Climat

Le climat israélien se caractérise par un fort ensoleillement. Globalement de type méditerranéen chaud, il est toutefois particulièrement variable selon les régions et l'altitude. En fait, seule la plaine côtière jouit effectivement d'un climat méditerranéen, avec des hivers (novembre à mars) doux et pluvieux et des étés (avril à octobre) chauds et arides. La vallée du Jourdain et la mer Morte sont nettement plus sèches, et le Néguev a un climat semi-désertique ou désertique, selon la latitude. La Judée est également relativement aride, tandis que l'altitude joue véritablement son rôle adoucissant plus au nord, en Galilée et au Golan.

Environnement - Écologie

Au début du XXe siècle, la Palestine avait souffert d'une désertification accélérée par le déboisement, de siècles de guerres et d'autres activités humaines, et, pour la grande faune, de la chasse. Les crocodiles, les lions, les autruches, les antilopes, les ânes et les chèvres sauvages, les ours et les daims n'avaient pas survécu à l'apparition d'armes de chasse modernes. Même les bouquetins et les gazelles, naturellement plus abondants, étaient en voie de disparition en Israël comme dans tout le Proche-Orient. S'ajoutèrent à ces maux les dégradations dû à une forte pression humaine : urbanisation, agriculture intensive, irrigation. Pourtant, à partir de la création de l'Etat hébreu, les Israéliens ont pris conscience de la nécessité de protéger l'environnement pour s'enraciner durablement dans le pays. La loi de protection des animaux sauvages date de 1955 : des centaines de végétaux et d'animaux (gazelles, bouquetins, léopards, rapaces, etc.) ont été protégées. Autre mesure de protection de la nature : en période de

© CÉLINE MAGNIN

Faune et flore

Faune

La réglementation de la chasse est très sticte dans l'Etat hébreu où tous les animaux sont protégés. Ces derniers sont beaucoup plus abondants que dans les pays arabes voisins qui, à l'exception de la Jordanie, ne possèdent pas de service de protection de la nature efficace. Il s'agit souvent d'espèces désertiques, semi-désertiques ou montagnardes, présentes dans les milieux similaires en Afrique du Nord, au Sahara et en Arabie.

Flore

La flore israélienne, tout comme le climat, est particulièrement variable selon l'altitude et la latitude. En outre, elle présente la particularité de rassembler des espèces caractéristiques de zones différentes : Bassin méditerranéen, Europe, Asie, Afrique saharienne ou tropicale. Plus de 2 800 espèces végétales ont été identifiées dans le pays.

migration, les avions doivent éviter le couloir emprunté par des centaines de milliers d'oiseaux, pour éviter les collisions. Cependant, des régions riches en flore et en faune, dans les zones déjà livrées à la colonisation humaine ou indispensables pour écouler le flot de l'immigration, ont été sacrifiées sans espoir de retour à la nature. La gestion de l'environnement est donc assez contrastée, selon les lieux et selon les mesures, avec ses réussites et ses échecs.

© TOM PEPEIRA – ICONOTEC

Antilope près de la mer Morte.

Histoire

De la Genèse aux Rois

Les Hébreux sont mentionnés pour la première fois vers 1700 av. J.-C., notamment sous le nom d'Habirou, dans des documents égyptiens et babyloniens. En dehors de ces archives « étrangères », la principale source d'informations sur l'histoire des Juifs avant la conquête romaine est la Bible. Selon le Livre, Abraham, « le père des nations », quitte la Chaldée (l'actuel Irak) et part pour l'autre extrémité du « Croissant fertile », le pays de Canaan, la terre que Dieu promet à ses descendants. Cette immigration aurait eu lieu dès 1700 av. J.-C. Ses descendants, le peuple juif, seront issus de son fils légitime Isaac, alors que son autre fils, Ismaël, serait l'ancêtre des Arabes.

Abraham et Isaac sont encore des nomades, mais Jacob (appelé par la suite Israël), le cadet des deux fils d'Isaac, reçoit dans son sommeil cette prophétie divine : « La terre sur laquelle tu es couché, je la donne à toi et à ta descendance. » (Genèse, 28-13). Jacob sera le père de douze enfants, qui donneront naissance aux douze tribus d'Israël : Ruben, Siméon, Lévi, Juda, Zabulon, Issachar, Dan, Gad, Asher, Nephtali, Benjaminutes et Joseph (la douzième tribu portera le nom de Manassé, le fils de Joseph). En Egypte, les Hébreux auraient peu à peu été réduits en esclavage, jusqu'à ce que Moïse parvienne à négocier leur libération : c'est l'Exode, dont l'événement marquant est le don de la Torah (la Loi) et des Dix Commandements sur le mont Sinaï. On passe alors du mythe à l'histoire. Pour combattre les Philistins, les Israélites se choisissent un chef de guerre, Saül, premier roi d'Israël. De 1004 à 965 av. J.-C., le successeur de Saül est David. D'abord reconnu par la seule tribu de Juda, David parvient à réaliser définitivement l'unité des douze tribus sous sa couronne. Il fait de Jérusalem la capitale de son royaume. La ville devient le premier lieu saint du judaïsme sous son fils et successeur Salomon, qui y fait bâtir le premier Temple, demeure de l'Arche d'Alliance, le coffre qui aurait contenu les Tables de la Loi.

De Babylone à Rome

A la mort de Salomon, le pays est divisé en deux : au sud, Roboam, le fils de Salomon, ne règne plus que sur deux des douze tribus mais il conserve Jérusalem pour capitale de ce royaume dit « de Juda ». Au nord, les dix autres tribus portent Jéroboam sur le trône. Ce schisme provoque un déclin de deux siècles, jusque vers 700 av. J.-C. Beaucoup plus stable, le royaume de Juda finit cependant par se soumettre à Babylone vers 700 av. J.-C. Sédécias, dernier roi de Juda, choisit en vain la rébellion : en 587 av. J.-C., Nabuchodonosor vient à bout de Jérusalem, détruit le Temple, et le peuple de Juda est à son tour déporté à Babylone.

L'Exil sera de courte durée. En 539 av. J.-C., le roi de Perse Cyrus prend Babylone (ainsi que la Palestine et la Turquie) et autorise les Juifs à rentrer chez eux et à restaurer leur culte. En 330 av. J.-C., la Palestine change encore une fois de mains. Le nouveau conquérant vient de l'ouest et s'appelle Alexandre le Grand. C'est le début de l'ère hellénistique : la Bible est traduite en grec, tandis que la nouvelle culture séduit de nombreux Juifs. Mais la paix ne dure pas. En 200 av. J.-C., la Palestine passe sous la domination des souverains séleucides de Syrie, qui ont pour capitale Antioche : le roi Antiochos IV Epiphane transforme les villes juives en cités hellénistiques, rebaptise Jérusalem « Antiochia », souille le Temple et massacre la population. De 167 à 142 av. J.-C., celle-ci prend les armes contre le despote : c'est la révolte des Maccabées, menée par Juda « Maccabée » – ce qui veut dire « Marteau » – qui aboutit à la libération de la Judée et à la reconquête du Temple, célébrée depuis chaque année par la fête de Hanoukka. Sous Jules César, la présence romaine est confortée par la nomination d'un homme de paille, Antipater, procurateur de Judée. En 37 av. J.-C., le Sénat romain donne au fils d'Antipater, Hérode, le titre de « roi des Juifs ». A sa mort, la Palestine est directement administrée par l'empire, et le peuple juif aspire à la révolte. Le judaïsme traditionnel est en crise. En l'an 30, sous l'autorité du préfet romain Ponce Pilate, Jésus, un Juif qui se proclame le Messie, est arrêté et condamné à la crucifixion. Mais ses disciples transmettent son enseignement et des villages entiers se convertissent à cette nouvelle religion, qui n'est d'abord qu'une branche du judaïsme, le christianisme. En 66, Gestius Florus souille le Temple de Jérusalem et en dérobe le trésor. C'est le début d'un soulèvement dans tout le pays : une armée juive se constitue, qui marche sur les garnisons romaines et les disperse, l'indépendance est proclamée dans la liesse générale, et le nouveau royaume frappe déjà sa monnaie. Pour peu de temps, car l'empereur Néron envoie le général Vespasien mater la révolte. En 69, après avoir soumis la Galilée et une partie de la Judée, celui-ci devient à son tour empereur et nomme son fils Titus commandant des troupes chargées de rétablir l'ordre en Palestine. De 132 à 135, sous le règne d'Hadrien, un nouveau soulèvement est commandé par Simon Bar Kokhba (le « fils de l'étoile »). La répression fait des centaines de milliers de morts. Hadrien ordonne de raser Jérusalem. Le site, rebaptisé Ælia Capitolina, devient la résidence de la garnison romaine.

Cependant le christianisme s'implante à Rome. L'empereur Constantin (324-337) se convertit à cette religion et fait édifier l'église du Saint-Sépulcre sur le tombeau du Christ à Jérusalem. La Bible est traduite en latin par saint Jérôme. Sous l'empereur Théodose (346-395), le christianisme devient religion d'Etat, et tous les autres cultes sont interdits. Les mesures contre les Juifs se multiplient : l'interdiction qui leur est faite d'entrer à Jérusalem et celle d'édifier des lieux de culte génèrent de nouvelles tensions.

Arabes, croisés et Turcs

Parallèlement, au début du VIIe siècle, une nouvelle religion monothéiste est née, plus à l'est : sous la bannière de l'islam, les Arabes vont mener le jihad, la guerre sainte, et envahir bientôt les provinces byzantines chrétiennes de Syrie et de Palestine. En 638, Jérusalem a un nouveau maître : le calife Omar, qui fut un compagnon du prophète Mahomet. Jérusalem, sans atteindre un rang équivalent à celui de La Mecque et de Médine, va alors devenir le troisième lieu saint de l'islam à défendre contre les chrétiens. Dans cette Palestine musulmane, chrétiens et juifs constituent deux minorités tolérées. Les musulmans respectent les religions monothéistes issues du Livre (la Bible) et appellent leurs fidèles « dhimmis » (croyants). Ces derniers ne peuvent donc pas, en principe, être utilisés comme esclaves, mais font l'objet de nombreuses interdictions (les églises et les synagogues ne doivent pas dépasser en hauteur les mosquées) et se voient obligés d'arborer sur leurs vêtements un signe distinctif. Cependant, sous les Seldjoukides, les pèlerins commencent à être victimes de persécutions. Les royaumes chrétiens d'Occident appellent alors à la « croisade » pour reprendre les Lieux saints aux musulmans. En 1099, Godefroy de Bouillon s'empare de Jérusalem, qui devient la capitale d'un royaume latin d'Orient, avec à peu près les contours de l'actuel Etat d'Israël. L'existence du royaume latin de Jérusalem ne durera pas plus de deux cents ans. En 1188, Saladin (Salah al-Din) reconquiert Jérusalem, la Palestine et la côte syro-libanaise, sur laquelle il ne laisse aux croisés que les villes de Tyr, Tripoli et Antioche. Enfin, en 1291, les deux échecs de saint Louis ayant fait passer à l'Occident le goût des croisades, les Mamelouks d'Egypte mettent fin à la présence latine par leur victoire à Saint-Jean-d'Acre. En 1517, la Palestine fera partie de l'Empire ottoman, qui s'étendra de Constantinople au Caire et de Bagdad à La Mecque, jusqu'en 1917. Jérusalem reprend de l'importance : Soliman le Magnifique (1520-1566) en reconstruit notamment les remparts. Déjà les Juifs de la diaspora, chassés d'Espagne et persécutés ailleurs, reviennent en nombre en Terre promise.

Du sionisme à l'État d'Israël

Durant la seconde moitié du XIXe siècle, les minorités de Palestine, dont les Juifs, sont protégées, tandis qu'en Europe, en particulier en Russie, l'antisémitisme et les pogroms poussent ces derniers à rêver du retour à Sion. De 1880 à 1890, plus de 25 000 Juifs russes traversent les océans pour s'installer en Terre promise : le chiffre est dérisoire au regard des millions de Juifs de la diaspora, mais prouve que le rêve n'est pas irréalisable. « Si vous le voulez, ce ne sera pas un rêve », lance Théodore Herzl, qui publie en 1897 *L'Etat juif,* le texte fondateur du mouvement sioniste. Il ne s'agit plus de fonder de petites colonies de peuplement, mais de la création d'un pays, avec sa propre armée, ses lois, son drapeau.

La Première Guerre mondiale n'enraye pas le projet sioniste, au contraire : contre l'Empire ottoman, allié de l'Allemagne, les Juifs de Palestine aident activement la Grande-Bretagne. En 1922, la Société des Nations place la Palestine sous mandat britannique : dès lors, les tensions entre les immigrants juifs, de plus en plus nombreux, et les populations arabes ne font que croître. Alors que la Seconde Guerre mondiale commence, le Livre Blanc britannique impose des quotas d'immigration de 15 000 personnes par an, empêchant des millions de Juifs de fuir la menace des camps de concentration. Au sortir de la guerre, la Grande-Bretagne, qui craint une guerre en Palestine, prend parti pour les Arabes. Elle donne son indépendance à la Transjordanie (l'actuelle Jordanie) et continue de limiter l'immigration des Juifs en Palestine. En juillet 1947, l'Exodus, parti du port de Sète en France et qui transporte 4 500 réfugiés, est arraisonné à 27 km des côtes palestiniennes. Il est emmené au port de Haïfa où les passagers sont transférés sur trois « bateaux-prisons ». Mais la situation de la Grande-Bretagne face à l'opinion mondiale devient difficilement tenable. Les Juifs en arrivent à s'offusquer de la participation des Britanniques au procès de Nuremberg. Si bien que les Anglais décident de s'en remettre à la toute nouvelle ONU quant à l'avenir de la Palestine. Le 29 novembre 1947, l'Assemblée générale des Nations unies approuve la partition de la Palestine en deux Etats séparés, l'un juif, l'autre arabe, avec pour Jérusalem un statut international spécial sous l'autorité administrative de l'Organisation des Nations unies.

Le 14 mai 1948 à minuit, le mandat britannique sur la Palestine s'achève officiellement, et les troupes quittent le pays. Le jour même, l'indépendance de l'Etat d'Israël est proclamée à Tel-Aviv par David Ben Gourion. Le nouvel Etat est immédiatement reconnu par les Etats-Unis et par l'URSS. Pourtant, l'existence d'Israël reste encore incertaine, à l'heure où cinq armées – la Jordanie, l'Egypte, la Syrie, le Liban et l'Irak – l'attaquent. La « Première Guerre israélo-arabe », qui deviendra « la guerre d'Indépendance » pour les Juifs, et Al-Naqba, « la catastrophe », pour les Arabes, débute officiellement. Cependant, alors que les Juifs témoignent d'une motivation sans faille, les armées arabes sont divisées et désorganisées. Le 22 mai, le Conseil de Sécurité des Nations unies propose une trêve aux belligérants. Celle-ci est acceptée par les Israéliens qui ont subi de lourdes pertes – notamment autour de Jérusalem – et qui ont besoin de temps pour faire entrer dans le pays de l'armement lourd acheté en Europe. Les Transjordaniens, qui ont atteint l'essentiel de leurs objectifs (occupation de la Palestine arabe et, surtout, de la vieille ville de Jérusalem), acceptent rapidement le principe. La trêve durera 28 jours.

Elle est mise à profit par les Israéliens pour se procurer des armes auprès de sources d'approvisionnement clandestines en Europe. Ils mobilisent également largement la population civile et les nouveaux immigrants qui arrivent en nombre dans le pays.

A l'issue de la trêve, les Juifs se retrouvent donc supérieurs, à la fois en nombre de combattants et en matériel, pour affronter leurs adversaires. Les combats reprennent, et les Israéliens se rendent maîtres de la majorité des régions côtières, du couloir reliant Tel-Aviv à Jérusalem, de l'ensemble de la Galilée et du Néguev. Israël annexe Jérusalem-Ouest et 77 % de l'ancienne Palestine mandataire, soit 50 % de plus que ce qui était prévu par le plan de partage de l'ONU. Chaim Weizmann devient le premier président du nouvel Etat d'Israël et David Ben Gourion est officiellement nommé Premier ministre. Le 12 mai 1949, Israël intègre l'ONU.

Les guerres de conquête d'Israël

Les relations entre Israël et ses voisins arabes restent tendues. En 1956, le colonel Nasser, qui a pris le pouvoir en Egypte deux ans plus tôt, décide de nationaliser le canal de Suez. Le 29 octobre, l'armée israélienne, soutenue par la France et la Grande-Bretagne qui souhaitent conserver leurs intérêts dans le canal, attaque l'Egypte et envahit le Sinaï. Une semaine plus tard, Français et Britanniques débarquent dans la zone du canal. Militairement, la victoire est acquise.
Cependant, les Etats-Unis et l'URSS obligent les belligérants à accepter le cessez-le-feu de l'ONU. Loin des projecteurs, les Palestiniens réfugiés dans les pays arabes voisins entament la lutte, notamment sous l'égide de Nasser : l'Organisation de libération de la Palestine (OLP) est fondée en 1964. La troisième guerre israélo-arabe survient en 1967. Soutenue par l'URSS, la Jordanie et la Syrie, l'Egypte obtient de l'ONU l'évacuation des casques bleus et bloque aussitôt l'accès de la mer Rouge aux Israéliens en fermant le golfe d'Aqaba. Le 5 juin, à la suite du blocage du détroit de Tiran – qui sépare la mer Rouge du golfe d'Aqaba – fait par l'Egypte, Israël déclenche une « attaque préventive » contre l'Egypte, la Syrie et la Jordanie. C'est la guerre des Six Jours. Le 11 juin, Tsahal, sous le commandement du général Moshe Dayan, célèbre pour son bandeau sur l'œil, a pris le Sinaï, Gaza, Jérusalem-Est et la Cisjordanie, ainsi que le Golan.
En 1969, Yasser Arafat devient président de l'OLP. Après l'épisode de « septembre noir » l'opinion publique, quant à elle, prend conscience du problème des réfugiés palestiniens. En Israël aussi, où la société se divise dès lors en deux camps : les « faucons », forts des succès de Tsahal et partisans du « Grand Israël » et de la colonisation des Territoires occupés, et les « colombes », prêtes à échanger la paix contre des territoires.
En 1972, nouveau choc pour l'opinion internationale quand, aux Jeux olympiques de Munich, onze athlètes israéliens sont assassinés par un commando palestinien.
La quatrième guerre israélo-arabe survient en 1973. Cette fois, ce sont l'Egypte et la Syrie qui prennent l'initiative, en attaquant Israël par surprise le 6 octobre, en pleine fête de Yom Kippour. C'est la guerre du Kippour : grâce à une mobilisation éclair et à l'aide logistique des Etats-Unis, les Israéliens parviennent à repousser l'agresseur et reprennent l'initiative.

Chronologie d'Israël depuis 1947

29 novembre 1947 > L'Onu adopte un plan de partage de la Palestine en deux Etats indépendants, un juif et un arabe. Jérusalem est placée sous régime international.

14 mai 1948 > Fin du mandat britannique sur la Palestine, David Ben Gourion proclame l'Indépendance de l'Etat d'Israël. Le 15, première guerre israélo-arabe. Les combats prennent fin en 1949 avec les accords de Rhodes qui fixent une ligne de démarcation maintenue jusqu'en 1967.

24 avril 1950 > La Cisjordanie est annexée par la Jordanie. L'Egypte contrôle la bande de Gaza.

Octobre-novembre 1956 > Nationalisation du canal de Suez par l'Egypte, la seconde guerre israélo-arabe est déclenchée. A la fin de 1956, les Israéliens commencent à évacuer le Sinaï. Israël retrouve ses frontières de 1949.

28 mai 1964 > Création de l'Organisation de Libération de la Palestine (OLP).

5/10 juin 1967 > Guerre des Six jours. Israël occupe le Sinaï, la bande de Gaza, la Cisjordanie, Jérusalem-Est et le plateau du Golan.

Février 1969 > Yasser Arafat est élu président du Comité exécutif de l'OLP.

17 septembre 1970 > « Septembre noir ». L'armée jordanienne décime les forces palestiniennes après la destruction de trois avions de ligne occidentaux sur le territoire jordanien. Les combats font des milliers de victimes civiles palestiniennes.

5 septembre 1972 > Jeux de Munich. Un commando palestinien tue onze membres de la délégation israélienne.

1973 > Du 6 au 25 octobre : guerre de Kippour ; l'armée égyptienne pénètre dans le Sinaï occupé mais doit se retirer. 28 novembre : la Ligue arabe reconnait l'OLP en tant que seul représentant du peuple palestinien.

1980 > 13 juin : le Conseil européen adopte une résolution affirmant que le « peuple palestinien doit exercer son droit à l'autodétermination » et que « l'OLP doit être associée à toute négociation ». Naissance du Djihad islamique, scission des Frères musulmans, qui se cantonnent à l'action sociale.

1982 > Mars-avril : insurrection palestinienne dans les territoires occupés. 6 juin, opération Paix en Galilée. L'armée israélienne envahit le Liban et chasse l'OLP de Beyrouth.

17-18 septembre 1982 > Assassinat à Beyrouth du président libanais Bechir Gemayel. Les Israéliens entrent à Beyrouth-Ouest. Massacre de civils par les milices chrétiennes dans les camps palestiniens de Sabra et Chatila.

7 décembre 1987 > Début de la première Intifada. 9 décembre : création du Hamas par les Frères musulmans.

15 novembre 1988 > A Alger, le Conseil national palestinien, proclame l'Etat palestinien indépendant et accepte les résolutions 242 et 338 de l'Onu, reconnaissant ainsi implicitement l'existence d'Israël. En décembre, devant l'Onu à Genève, Yasser Arafat, chef de l'OLP, reconnaît le droit d'Israël à vivre « en paix », et déclare renoncer totalement au terrorisme.

30 octobre 1991 > Ouverture à Madrid d'une conférence de paix. Israéliens, Palestiniens (hors OLP), Jordaniens et Syriens se rencontrent sous le parrainage de George Bush et de Mikhaïl Gorbatchev.

1993 > 19 janvier : le Parlement israélien abroge la loi interdisant les contacts avec l'OLP. 13 septembre : Israël et l'OLP signent à Washington un accord de principe (Oslo I) sur une autonomie palestinienne transitoire de cinq ans.

1994 > Vingt-neuf Palestiniens sont abattus par un extrémiste juif devant la mosquée d'Hébron (le tombeau des Patriarches). Accord du Caire sur l'autonomie de la bande de Gaza et de la ville de Jéricho. L'Autorité palestinienne s'installe dans les zones nouvellement autonomes. 1er juillet : retour de Yasser Arafat à Gaza.

1995 > Israël et l'OLP signent à Washington l'accord négocié à Taba (Oslo II) étendant l'autonomie en Cisjordanie et prévoyant une série de retraits israéliens par étapes. Israël se retire de six villes de Cisjordanie qui deviennent autonomes.

1996 > 20 janvier : Yasser Arafat est élu président de l'Autorité palestinienne et ses partisans remportent les 2/3 des 80 sièges du Conseil législatif. 24 avril : le CNP élimine de sa charte les articles mettant en cause le droit à l'existence de l'Etat d'Israël. 29 mai : les Israéliens élisent comme Premier ministre Benyamin Netanyahou. 24 septembre : l'ouverture par Israël d'un tunnel sous l'Esplanade des Mosquées à Jérusalem provoque de violents affrontements entre l'armée israélienne et des manifestants palestiniens, qui font plus de 70 morts.

15 janvier 1997 > Netanyahu et Arafat concluent un accord sur un retrait partiel israélien de la ville d'Hébron.

1998 > 21 juin : le gouvernement israélien décide la création d'une super-municipalité de Jérusalem qui englobe plusieurs colonies de Cisjordanie. 23 octobre : Arafat et Netanyahu signent à Wye Plantation (Etats-Unis) un accord destiné à sortir le processus de paix de l'impasse : Israël transfèrera à l'administration palestinienne, en trois étapes, 13% supplémentaires du territoire de la Cisjordanie encore sous son contrôle.

17 mai 1999 > Les Israéliens élisent Ehud Barak au poste de Premier ministre. 4 septembre : signature, à Charm-el-Cheikh (Egypte), d'un accord fixant les dates des retraits israéliens de Cisjordanie, afin de relancer le processus de paix moribond.

2000 > 13 février : nouveau retard dans les négociations ; les deux parties ne parviennent pas à signer un accord-cadre définissant les grandes lignes d'un règlement final, conformément au mémorandum signé à Charm-el-Cheikh en septembre 1999. Mai : Tsahal se retire de la zone de sécurité du Sud-Liban qu'elle occupait depuis 1982. 11-25 juillet : échec du sommet israélo-palestinien de Camp David. Aucun accord n'est conclu entre les deux parties. 28 septembre : la visite du chef du Likoud, Ariel Sharon, sur l'Esplanade des Mosquées provoque de violentes émeutes en Israël et dans les territoires palestiniens, faisant plus de 90 victimes. C'est le début de la deuxième Intifada (2000-2005).

2001 > 6 février : Ariel Sharon est élu Premier ministre. 4 décembre : Israël lance des raids dans les territoires palestiniens. Yasser Arafat ne peut plus sortir de Ramallah, encerclé par Tsahal.

2002 > 29 mars : l'Etat hébreu lance une offensive dans les territoires occupés baptisée « Rempart défensif ». La Mouqataa, le quartier général d'Arafat à Ramallah, est partiellement détruit et le leader palestinien est coupé du monde. 23 juin : le Conseil des ministres israélien approuve la première phase de construction du mur de séparation qui, à terme devrait faire 700 km de long.

2003 > 19 mars : Yasser Arafat propose de nommer Mahmoud Abbas au poste de Premier ministre. 6 septembre : Mahmoud Abbas annonce sa démission au Parlement palestinien, invoquant des obstacles intérieurs, israéliens et américains à son action.

2004 > 2 février : Ariel Sharon annonce son intention de démanteler toutes les colonies de la bande de Gaza (7 500 habitants). 1er octobre : Israël lance l'opération « Jours de pénitence » à Gaza, pour empêcher le tir de roquettes sur les villes israé-

© CYRIL BANF - © TOM PEPEIRA – ICONOTEC

Militaires juifs devant le mur des Lamentations.

liennes. 29 octobre : Yasser Arafat, dont l'état de santé s'est dégradé subitement, est hospitalisé en France. il meurt à Paris le 11 novembre. Sa dépouille est inhumée à Ramallah.

2005 > 9 janvier : Mahmoud Abbas est élu à la tête de l'autorité palestinienne. 8 février : sommet Abbas-Sharon à Charm-el-Cheikh (Egypte) ; ils proclament la fin des violences entre Israéliens et Palestiniens. 22 août : fin de l'évacuation des colons israéliens de Gaza. 25 novembre : réouverture du terminal de Rafah, poste frontière entre Gaza et l'Egypte.

2006 > 4 janvier : Ariel Sharon est victime d'un accident vasculaire cérébral et tombe dans le coma. 26 janvier : le Hamas remporte la majorité absolue aux élections législatives. 29 mars : le parti Kadima remporte la victoire aux élections. Ehud Olmert devient Premier ministre. 7 avril : l'Union européenne suspend, comme les Etats-Unis, son aide directe au gouvernement dirigé par le Hamas. 28 juin : début d'une vaste offensive dans la bande de Gaza, surnommée « Pluies d'été ». L'armée israélienne arrête huit ministres, des dizaines de députés et autres responsables du Hamas. 12 juillet : Tsahal lance une offensive contre le Hezbollah au Sud-Liban. Le Hezbollah riposte en envoyant des roquettes sur tout le Nord d'Israël. Sous la pression de l'Onu, les hostilités cesseront le 14 août. Fin juillet : 29 personnes sont tuées lors d'une incursion terrestre dans Gaza. L'offensive israélienne dans les territoires palestiniens est étendue à la Cisjordanie.

2007 > Mai-juin : nouveaux affrontements Hamas-Fatah dans la bande de Gaza. 14 juin : le Hamas met en déroute les combattants du Fatah et prend le contrôle de la totalité du territoire de Gaza. Mahmoud Abbas se retrouve isolé en Cisjordanie. 28 octobre : Israël impose des sanctions économiques à la Bande de Gaza décrétée « entité ennemie ». 26-28 novembre : conférence internationale à Annapolis (Etats-Unis). Ehud Olmert et Mahmoud Abbas s'engagent à conclure un traité de paix avant la fin 2008.

2008 > 4 novembre : l'armée israélienne effectue une incursion à Gaza causant la mort de six activistes palestiniens. Le Hamas réplique en tirant une cinquantaine de roquettes en direction du territoire israélien. 20 décembre : les Brigades Ezzedine Al-Qassam, branche armée du Hamas, revendiquent les premiers tirs d'obus de mortier sur Israël depuis la fin de la trêve. 27 décembre : Israël lance une attaque aérienne massive contre la bande de Gaza, baptisée « Plomb durci ». En trois semaines, l'offensive israélienne fera 1 300 morts côté palestinien et 13 côté israélien.

2009 > 31 mars : Benyamin Netanyahou devient Premier ministre.

2010 > 31 mai : neuf personnes sont tuées dans l'abordage d'une flottille internationale par un commando israélien. Cette dernière acheminait des militants pro-palestiniens et de l'aide humanitaire pour Gaza, sous blocus israélien.

20 juin : sous pression internationale, Israël annonce l'assouplissement de l'embargo de Gaza, sur les biens « à usage civil ». Les matériaux de construction restent sous embargo.

2011 > Mai : le Fatah et le Hamas scellent leur réconciliation au Caire. Cette réconciliation doit mettre un terme à la division entre la Cisjordanie et Gaza et ouvrir la voie à des élections. Septembre : le 23, le président de l'Autorité palestinienne présente une demande d'adhésion d'un Etat de Palestine à l'Onu. Octobre : les Palestiniens obtiennent le statut de membre à part entière de l'Unesco.

2012 > Avril-mai : près de 2 000 prisonniers palestiniens font une grève de la faim pour dénoncer la détention administrative. Cette mesure permet à l'Etat israélien de détenir sans inculpation ni procès des suspects pour une période de 6 mois, indéfiniment renouvelable. Novembre : le 14, l'armée israélienne lance l'opération « Pilier de défense » contre la bande de Gaza afin de mettre un terme aux tirs de roquettes du Hamas. Le 21, à l'issue de l'opération, le bilan est de 174 Palestiniens et 6 Israéliens tués. Le 29, l'Assemblée générale de l'ONU reconnaît la Palestine comme un Etat observateur non membre à l'issue d'un vote de 138 voix pour, 9 contre (dont les USA et Israël) et 41 abstentions.

2013 > Janvier : la coalition de droite Likoud-Israel Beitenou dirigée par Benyamin Netanyahu remporte les élections législatives anticipées.

2014 > 11 janvier : décès d'Ariel Sharon. 23 avril : le Hamas et le Fatah signent à Gaza un nouvel accord de réconciliation. Les deux parties conviennent de former un gouvernement de consensus national dirigé par Mahmoud Abbas dans les cinq semaines. Mai : les 25 et 26, le pape François est le quatrième pape à se rendre en Terre Sainte (Jérusalem et Bethléem). Juin : le 12, trois jeunes israéliens sont enlevés aux environs de la colonie de Gush Etzion, au sud de Jérusalem. Le Hamas est directement accusé par Israël de l'enlèvement. Le 30, les trois jeunes Israéliens disparus sont retrouvés morts près d'Hébron. Juillet : le 8, l'opération « Bordure protectrice » est officiellement lancée par l'aviation israélienne sur la bande de Gaza. Le 17, une opération terrestre d'envergure fait suite aux raids aériens. Le 24, Reuven Rivlin devient le dixième Président et chef de l'Etat d'Israël. Août : le 26, après 50 jours de combats, un cessez-le-feu « illimité » est conclu entre Israël et le Hamas grâce à une médiation égyptienne. Le bilan de cette guerre fait état de plus de 2 140 Palestiniens tués, ainsi que 65 militaires et plusieurs civils israéliens.

Tsahal parvient à 70 km du Caire, mais l'URSS menace d'intervenir à son tour. Pour Israël, la guerre du Kippour est une nouvelle victoire, mais plus difficilement acquise que les précédentes. Elle révèle la puissance militaire des pays arabes équipés par l'URSS, mais aussi leur puissance économique.

Des faucons aux colombes

En mai 1977, Menahem Begin et le Likoud gagnent les élections : la droite supplante pour la première fois les travaillistes à la tête de l'Etat hébreu. Le nouveau Premier ministre cherche d'abord à faire la paix avec ses voisins : il invite Sadate à s'exprimer devant la Knesset, puis se rend à son tour en Egypte. Sadate et Begin reçoivent le prix Nobel de la paix. Mais Begin refuse toujours aux Palestiniens la « paix des braves » : en mars 1978, Israël envahit pour la première fois le Sud-Liban, nouvelle base arrière des combattants palestiniens. Begin reste Premier ministre après la nouvelle victoire du Likoud en 1981. L'année suivante, le Liban est le cadre de la cinquième guerre israélo-arabe. Israël, qui souhaite venir à bout de la menace terroriste palestinienne sur le nord de son territoire, attaque le Liban et fait le siège de Beyrouth. C'est l'opération « Paix pour la Galilée », catastrophique pour Israël : l'opinion publique en retiendra surtout les massacres des camps de réfugiés palestiniens de Sabra et Chatila par les phalangistes chrétiens, dans un secteur occupé par l'armée israélienne qui n'a pris aucune mesure pour empêcher ces massacres.

En 1987, lassés des promesses non tenues, les Palestiniens entament une guerre d'usure contre l'occupant : c'est l'Intifada, la « guerre des pierres ». Les enfants arabes jettent des pierres sur les soldats israéliens, qui répliquent avec des gaz lacrymogènes : le mouvement s'étend de Gaza à toute la Cisjordanie. Le 15 novembre 1988, à Alger, l'OLP proclame la création d'un Etat palestinien indépendant, en acceptant pour la première fois le principe du partage de la Palestine, tout en reconnaissant implicitement le droit à l'existence d'Israël et l'abandon du « terrorisme ».

En 1992, le Parti travailliste revient au pouvoir, avec Yitzhak Rabin comme Premier ministre et Shimon Pérès comme ministre des Affaires étrangères. Dès lors, la paix semble être en route. En septembre 1993, le monde prend connaissance des accords surprise d'Oslo : Israël et l'OLP se reconnaissent mutuellement et, le 13 septembre, Rabin et Arafat signent une déclaration « d'autogouvernement » à Washington, et se serrent la main, avec Bill Clinton en toile de fond. Arafat, Rabin et Pérès reçoivent le prix Nobel de la paix. Pour Rabin, l'étape suivante est la paix avec la Jordanie. Mais le 4 novembre, Yitzhak Rabin est assassiné par un étudiant juif d'extrême droite. Shimon Pérès assure l'intérim à la tête du gouvernement.

Le 20 janvier 1996, Arafat est élu président de l'Autorité palestinienne. Bien que ses partisans obtiennent les deux tiers des 80 sièges du Conseil législatif palestinien, le « Vieux » a du mal à contrôler les mouvements palestiniens qui refusent la paix. En avril, une nouvelle opération israélienne au Sud-Liban, baptisée « Raisins de la colère », écorne cependant la bonne image du Premier ministre israélien à l'étranger : les bombardements sur le camp de réfugiés de Cana coûtent la vie à 200 civils palestiniens. Le 29 mai 1996, contre toute attente, Shimon Pérès perd les élections législatives contre son jeune rival Benyamin Netanyahou.

La seconde Intifada

En mai 1999, Benjamin Netanyahu perd les élections. Le travailliste Ehud Barak devient Premier ministre. Il continue les programmes d'expansion des colonies, mais s'engage à poursuivre les négociations de paix, notamment avec la Syrie. Mais le 28 septembre 2000, Ariel Sharon, nouveau leader du Likoud, se rend sur l'esplanade des Mosquées à Jérusalem. Cela est pris comme une provocation par les Palestiniens, qui voient en lui le responsable des massacres de Sabra et Chatila. De fausses rumeurs selon lesquelles Sharon aurait pénétré dans la mosquée Al-Aqsa attisent la violence. La seconde Intifada commence. Les Etats-Unis appellent alors une conférence de paix à Charm el-Cheikh. Les deux partis s'engagent à stopper les effusions de sang et à retourner à la table des négociations. Mais, deux semaines plus tard, un attentat-suicide à Jérusalem met un terme à la trêve. La vague d'attentats terroristes et les échecs des différentes tentatives pour ramener le calme entraînent l'anticipation des élections qui sont largement remportées par Ariel Sharon (Likoud) le 6 février 2001. Ehud Barak démissionne et, le 6 février 2001, Ariel Sharon devient Premier ministre. L'attaque terroriste sur le World Trade Center, le 11 septembre 2001, a des répercussions directes sur le conflit israélo-palestinien. D'une part, les pays arabes et islamiques essayent de marchander leur coopération dans la guerre contre la terreur pour gagner des concessions en faveur des Palestiniens. De l'autre, bon nombre d'Américains commencent à regarder les actions terroristes en Israël d'un autre œil.

Après l'explosion au Park Hotel de Netanya (27 morts le 27 mars 2002), Tsahal lance une incursion massive, l'opération « Mur défensif », et réoccupe Ramallah, Naplouse, Jenin, Tulkarem et d'autres villes dans les Territoires. En avril, l'armée israélienne encercle l'église de la Nativité à Bethléem, où se sont réfugiés des combattants palestiniens. Le siège durera 37 jours. En octobre 2004, le Parlement israélien vote en première lecture la loi de désengagement, forçant finalement le Parti national religieux, de droite, à quitter le gouvernement.

L'après-Arafat

Après le décès d'Arafat, Mahmud Abbas est élu, le 9 janvier 2005, président de l'Autorité palestinienne. Ariel Sharon entame alors des pourparlers de paix avec lui. Les partis organisent une conférence au sommet en Egypte, à Charm el-Cheikh, le 8 février 2005. Les deux camps annoncent la fin de la violence. Israël s'engage à relâcher plus de 900 prisonniers palestiniens et à se retirer graduellement de villes palestiniennes. L'Egypte et la Jordanie annoncent le retour d'un ambassadeur en Israël. Le désengagement des colonies de Gaza se déroule du 15 août au 11 septembre 2005, sans grandes violences.

Gaza au cœur du conflit

Cependant, les tensions avec les Palestiniens se poursuivent. En novembre 2007, George W. Bush tente de relancer le processus de paix. Israéliens et Palestiniens s'engagent à résoudre le conflit avant la fin de l'année 2008. Mais, sur le terrain, la situation empire. En représailles aux tirs de roquettes effectués depuis la bande de Gaza, Israël boucle le territoire palestinien. Aujourd'hui, en dépit de quelques contacts diplomatiques, le conflit israélo-palestinien s'enlise. Le problème majeur reste la bande de Gaza qui est au cœur de toute l'attention internationale : une certaine pression diplomatique est mise sur le gouvernement israélien pour qu'il cesse le blocus sur Gaza. Une attention et une pression redoublées suite à l'affaire de la flottille turque qui a tenté une immersion vers le port de Gaza au risque et péril des 9 personnes décédées durant l'opération. Le printemps arabe et l'arrivée de partis islamistes au pouvoir en Egypte début 2012 ont un fort impact régional. Ainsi la paix relative entre l'Egypte et Israël n'est que plus fragile, le soulèvement syrien rend instable les frontières, l'Iran chiite nucléarisé représente une menace pour Israël et certains pays du Golfe, mais cette nouvelle donne détourne aussi l'attention mondiale du conflit israélo palestinien et d'une éventuelle reprise des pourparlers.

En janvier 2013, la coalition de droite Likoud-Israel Beitenou dirigée par Netanyahu remporte les législatives. Lors de l'investiture du gouvernement en mars, le parti Foyer juif, qui prône la colonisation, prend le contrôle du ministère du Logement qui supervise entre autres les installations de colons. L'année 2014 commence par le décès officiel d'Ariel Sharon. L'ancien Premier ministre était maintenu dans un coma profond depuis le 4 janvier 2006, après avoir été victime d'une attaque cérébrale. Il est inhumé près de sa résidence, la Ferme des sycomores près de Sdérot, à moins de 8 km de la bande de Gaza. Le 12 juin, l'enlèvement de trois jeunes israéliens aux environs de la colonie de Gush Etzion met le feu aux poudres. Le 30, les trois jeunes Israéliens disparus sont retrouvés morts à environ trois kilomètres à l'ouest de Halhoul. Le 1er juillet, un jeune palestinien est enlevé à Jérusalem-Est avant d'être retrouvé assassiné, brûlé vif, quelques jours plus tard. Les coupables, des extrémistes israéliens, sont arrêtés mais rien n'empêche l'escalade entre Israël et le Hamas. Le 8 août, l'opération « Bordure protectrice » est lancée par l'aviation israélienne sur la bande de Gaza, suivie à partir du 17 par une opération terrestre d'envergure. S'ensuivent 50 jours de combats meurtriers et destructeurs. Le bilan fait état de plus de 2 140 Palestiniens tués, dont près de 500 enfants, ainsi que 65 militaires et plusieurs civils israéliens. La cohabitation pacifique entre deux états sur ces terres n'a jamais semblé aussi lointaine et la dureté de la ligne du gouvernement israélien tend à isoler Israël sur la scène internationale.

Population et mode de vie

Population

Israël compte 7,2 millions d'habitants et les Territoires palestiniens un peu plus de 4,1 millions. En ce qui concerne Israël, la population augmente environ de 1,7 % par an. La densité est très élevée, avec 332 habitants au km² (plus de 3 fois la densité française), avec toutefois une répartition de la population très inégale, entre les zones fortement urbanisées (90 % de la population) et des zones absolument désertes. Le niveau de vie global est proche d'un pays occidental, avec une espérance de vie à la naissance de 79,6 ans et une mortalité infantile de 6,75 pour 1 000. Sur les 7,2 millions d'Israéliens, 76 % sont juifs et 20 % arabes, parmi lesquels 82 % sont musulmans (dont 170 000 Bédouins), 9 % chrétiens et 9 % druzes. A ces chiffres, il faut ajouter 315 000 personnes, qui sont enregistrées au ministère de l'Intérieur comme « non-Juifs » et qui constituent un peu plus de 4 % de la population israélienne.

Langues

En 1948, les constructeurs de l'Etat d'Israël, venus du monde entier, parlaient autant de langues que ceux de la tour de Babel après la punition divine. Pour cohabiter, les Israéliens durent réinventer une langue commune : «l'hébreu moderne» qui s'implante petit à petit et est aujourd'hui parlé par la majorité de la population.

Vie sociale

Éducation

L'école, en Israël, est obligatoire de 5 à 16 ans et gratuite jusqu'à 18 ans. Parallèlement au système éducatif laïque existe un système d'écoles religieuses juives. Le taux d'alphabétisation est de 96 %.

Service militaire

Le service dure 3 ans pour les garçons et 2 ans pour les filles. Après la quille, les hommes sont encore rappelés sous les drapeaux pour environ un mois de réserve par an, jusqu'à l'âge de 45 ans. Le service féminin est parfaitement ancré dans la société israélienne. Autre particularité israélienne, les études supérieures se font après l'armée. Pas de report : dans un souci d'égalité, tout le monde fait son service au même âge et au même niveau, c'est-à-dire à 18 ans, après l'équivalent du baccalauréat.

Mœurs et faits de société

Homosexualité

La société israélienne moderne l'accepte de mieux en mieux, et les droits des couples « gays » sont de plus en plus reconnus par les tribunaux. Les hommes politiques semblent aussi s'apercevoir de la force électorale que représentent les gays : en 1988, l'homosexualité a été légalisée ; en 2000, la majorité sexuelle pour les homosexuels a été abaissée à 16 ans ; en novembre 2006, la Cour suprême avait également obligé le ministère de l'Intérieur à enregistrer en tant que « couple » les homosexuels qui avaient contracté un mariage à l'étranger : ceux-ci peuvent donc bénéficier de droits en matière de propriété et d'héritage ; enfin, en février 2008, la justice israélienne a reconnu l'adoption d'enfants par des couples de gays ou de lesbiennes.

Religion

La société israélienne souffre de divisions religieuses qui ne correspondent pas nécessairement à ses divisions ethniques ou communautaires. Le problème de la place que doit avoir la religion dans l'Etat d'Israël n'est pas nouveau. Il est posé dès les débuts du sionisme. Jusqu'à la création d'Israël en 1948, trois camps en présence avaient des positions clairement définies. La majorité du mouvement sioniste était laïque et voulait un Etat moderne et séculier, le camp religieux partageait l'aspiration à un Etat moderne, mais voulait que cet Etat fasse une large place à la tradition juive et refusait la séparation entre l'Etat et la religion. Enfin, le camp *haredi*, ou ultra-religieux, était antisioniste. L'Etat d'Israël est né en 1948 sur la base d'un compromis entre ces différentes perceptions de ce que devrait être l'Etat juif. Aujourd'hui encore, les Israéliens affichent des conceptions très différentes de la religion et du rôle qu'elle devrait avoir dans l'Etat. Dans la société israélienne, on peut établir des catégories en fonction de la pratique religieuse : les laïcs (peu intéressés par la religion, mais pas forcément antireligieux), les traditionalistes (pratique religieuse partielle), les orthodoxes (pratique religieuse stricte, mais immersion dans le monde moderne) et les ultra-orthodoxes qui, comme les Juifs orthodoxes, pratiquent strictement la religion. Mais, contrairement à ces derniers, ils refusent la modernité et affichent une volonté de séparatisme social : vêtements, quartiers et institutions religieuses sont spécifiques. Les Palestiniens et les Arabes israéliens ont, quant à eux, une relative unité religieuse : ils sont à 90 % musulmans, sunnites (plutôt que chiites), c'est-à-dire attachés à la lettre, plutôt qu'à l'interprétation, et au respect de la Charia (la loi). Sur les quatre rites sunnites, deux (chaféite et hanéfite) sont représentés en Palestine.

© ATAMU RAHI – ICONOTEC

Homme lisant devant le mur des Lamentations.

Arts et culture

Théâtre

Le théâtre n'est guère présent dans les origines hébraïques d'Israël, les traditions les plus anciennes sont issues du peuple yiddish : aussi étrange que cela puisse paraître, le théâtre israélien est né en 1917 bien avant la création de l'Etat. Connu sous le nom de théâtre Habima, qui signifie la « scène », les premières pièces en hébreu furent créées par Nathan Zemah et Constantin Stanislavski à Moscou. La compagnie s'installera en 1931 en Palestine et deviendra le Théâtre national d'Israël en 1958. La pièce d'Anski, Le Dibbuk, traduite du yiddish en hébreu, a été leur œuvre la plus marquante, notamment grâce au talent de leur actrice fétiche Hanna Rovina (1892-1980), devenue la « Grande Dame » du genre. Depuis le théâtre s'est largement répandu et diversifié, le répertoire est autant importé que traditionnel, classique qu'expérimental quand il n'est pas tout cela à la fois. Ayant chacun apporté les épices de leur pays d'origine, les auteurs et metteurs en scène ont ainsi créé un art typiquement israélien. La scène dramatique est, comme tout art, très active, les compagnies et troupes d'amateurs commencent à se faire connaître et reconnaître à l'international malgré la barrière de la langue. Les auteurs israéliens majeurs sont Hanoch Levin, Ephraïm Kishon, Nissim Aloni, Yehoshoua Sobol et Hillel Mittelpunkt ; ils ont tous impulsé la scène actuelle. Hanoch Levine était, de loin, le plus prolifique et le plus célèbre d'entre eux. L'auteur sulfureux n'a jamais hésité à dégainer sa plume satyrique pour dresser un portrait autocritique du pays et notamment de l'idéologie patriotarde, militariste et religieuse. Des pièces comme Toi, moi et la prochaine guerre, Reine dans la baignoire ou Le Sacrifice d'Isaac ont fait scandale en leur temps, révoltant la droite israélienne et les communautés orthodoxes. Il est décédé en 1999, laissant en héritage de 34 pièces.

Cinéma

Ce n'est que récemment qu'Israël a commencé à développer une industrie cinématographique. Avant la création de l'Etat, le pays ne produisait pratiquement que des films de propagande au profit des institutions nationales comme le Fonds national juif. Quelques longs métrages, tournés sur le mode héroïque de l'époque, avaient été réalisés au cours des premières années, comme *La Colline 24 ne répond pas* ou *Ils étaient dix*. Mais la production proprement commerciale ne s'est réellement développée qu'au cours de la dernière décennie. Qu'ils traitent de la guerre du Kippour ou de l'occupation en Palestine, du sionisme religieux ou de la prostitution, les films produits en Israël collectionnent depuis un peu plus de quinze ans les succès en salle et les récompenses. En 2009, *Valse avec Bachir* a reçu le César du meilleur film étranger, et le Lion d'or de Venise a été attribué à *Lebanon*. *Ajami*, le film coréalisé par Scandar Copti et Yaron Shani, concourt quant à lui pour l'Oscar du meilleur film étranger de 2010. Une prouesse quand on sait qu'une moyenne de 20 films seulement sont annuellement produits par l'Etat hébreu.

Danse

Depuis les temps bibliques, la danse participe à la vie sociale et religieuse du peuple juif qui continua de danser sur les chemins de la diaspora. Depuis la création de l'Etat hébreu, la danse folklorique a pris des formes aussi variées que les pays traversés par les juifs au cours de l'Histoire. C'est aujourd'hui un mélange entre danses d'origines juives et non juives, bibliques et contemporaines. Un des premiers mouvements, qui est très vite devenu un symbole fort, est la Hora, une ronde d'origine roumaine que les pionniers dansaient main dans la main, d'égal à égal et tous unis, conformément à l'idéologie des kibboutzim. Aujourd'hui encore, elle reste la danse populaire par excellence.

Scène contemporaine

On retrouve dans la création contemporaine la même vigueur, l'énergie farouche et cette forte volonté d'exister qui marquent la floraison artistique du pays. La forte émigration des Russes a amené dans ses bagages la tradition des ballets classiques représentée aujourd'hui par le Ballet d'Israël, seule compagnie professionnelle du genre du pays. Elle a obtenu en 1975 l'autorisation de Balanchine d'exécuter ses œuvres gratuitement, ce qu'elle fait avec grâce, en plus d'autres œuvres chorégraphiques.

Sculpture

Si la sculpture dans sa dimension artisanale est de tradition en Israël, l'art de la sculpture résulte des efforts de quelques sculpteurs. A la fin des années 1940, l'idéologie « cananéenne » influence un certain nombre d'artistes qui tentent une synthèse entre la sculpture moyen-orientale et le concept moderne de corps humain. Dans les années 1950, les sculpteurs emploient de nouveaux matériaux – fer et acier Corten –, travaillent de plus grands formats dans un style non-figuratif. Naturellement, le contexte social et politique va fortement influencer les artistes qui, pour la plupart engagés, vont perpétuer le souvenir des victimes des guerres d'Israël dès les années 1960. De nombreux monuments poussent dans le paysage rappelant les scènes et la violence des combats comme le mémorial naval de Yehiel Shemi sur la plage d'Akhziv ou le « Monument à la Brigade du Néguev », de Dani Karavan, près de Beer-Sheva. De nouveaux matériaux apparaissent ainsi que les influences insufflées par l'expressionnisme, mais les préoccupations restent les mêmes ; ainsi les artistes modernes diversifient les installations environnementales mais toujours en réaction par rapport aux réalités politiques et sociales. Plusieurs sculpteurs israéliens se sont fait une réputation internationale, et l'on peut trouver des œuvres de Tumarkin, Karavan, Kosso Eloul et Israel Hadany dans de nombreux musées étrangers.

Festivités

Février

■ JAZZ FESTIVAL TEL AVIV
www.jazzfest.co.il
En février.
A l'occasion du festival de jazz, de nombreux concerts sont organisés de toute part dans la ville.

■ POURIM
En février/mars.
La fête de la délivrance du peuple juif. Elle prend la forme, les couleurs et les paillettes d'un grand carnaval national.

Mars

■ PESSAH
En mars/avril.
La pâque juive dure 8 jours au cours desquels la moindre miette de pain est interdite dans la maison, ainsi que tout produit ayant subi le processus de la fermentation.

Avril

■ YOM HA'HATZMAUT
En avril/mai.
Commémoration de la naissance de l'Etat d'Israël, le 14 mai 1948. La date de la célébration est fixée en fonction du calendrier hébraïque (le 5e jour du mois d'Iyar). La veille est un jour de recueillement à la mémoire des soldats morts pour Israël. Des feux sont allumés dans la ville, suivis de chants et de danses.

■ YOM HA SHOAH
En avril.
Commémoration de la Shoah, l'extermination systématique de six millions de Juifs par les nazis durant la Seconde Guerre mondiale. Des sirènes retentissent pour annoncer deux minutes de silence à la mémoire de toutes les victimes.

Juillet

■ WHITE NIGHT TEL AVIV (LAYLA LAVAN TEL AVIV)
En juillet.
La nuit blanche est également de la partie tel-avivienne et touche tous les domaines de la culture : théatre, danse, concert et musées ouverts toute la nuit. Pour l'occasion, une grande foire prend place Sderot Rothschild.

Septembre

■ ROSH HASHANA
En septembre.
Il s'agit de la nouvelle année du calendrier hébraïque. La fête dure deux jours et marque le début des 10 jours de pénitence, ou « jours terribles », pendant lesquels les Juifs demandent pardon à Dieu pour leurs péchés, et dont la finalité est Yom Kippour.

■ SOUKKOT
En septembre ou octobre. La fête dure sept jours, dont les deux premiers sont chômés.

La fête des « cabanes ». C'est la fête des récoltes, qui marque la fin du cycle agricole. Sous le signe de l'abondance et de la joie retrouvées, elle rappelle la fuite d'Egypte, durant laquelle les Juifs dormirent dans le désert sous des tentes et la protection que Dieu leur accorda pendant 40 ans, jusqu'à leur arrivée en Terre promise. A cette occasion, tout Juif qui en a les moyens matériels est tenu de construire une cabane, en signe de confiance en Dieu et d'indifférence au confort matériel. Il ornera celle-ci de fleurs, de fruits, de guirlandes, voire de tapis et même de meubles pour les plus riches. Le toit comporte des ouvertures, rappelant la présence du Ciel ainsi que la fragilité de la soukka (la cabane). On s'y tient autant que possible pendant sept jours : on y reçoit des amis, on y organise goûters et repas. Une coutume veut que, dans les cours des synagogues, une cabane « commune » soit érigée, réservée à ceux qui, pour de multiples raisons, ne peuvent en avoir une chez eux. Vous en verrez aussi sur des balcons et des toits.

Octobre

■ YOM KIPPOUR

En octobre.

Le « Jour du Grand Pardon » représente l'aboutissement des dix jours de pénitence qui débutent à Rosh Hashana. C'est le jour le plus important du calendrier juif, et il est caractérisé par un jeûne de vingt-cinq heures, pendant lesquelles il faut respecter certaines règles du Shabbat (par exemple, ne pas travailler, ni allumer

© CÉLINE MAGNIN

Prières.

de feu). A cet égard, Kippour est appelé également dans la liturgie juive « le Shabbat des Shabbat ». La veille, on se prépare à l'épreuve du jeûne en mangeant abondamment. Au cours de cette journée, consacrée à la prière et à l'absolution, chaque Juif demandera pardon à Dieu pour ses péchés.

Novembre

■ HANOUKKAH

Au mois de novembre/décembre.

La « fête des Lumières » rappelle une victoire militaire au IIe siècle av. J.-C., lorsque les Juifs parvinrent à chasser de Palestine les Grecs et restaurèrent le Temple profané de Jérusalem. Au cours de cette fête, tous les foyers s'illuminent de bougies durant 8 jours, correspondant au 8 branches du chandelier juif.

La cuisine israélienne

Il n'y a pas de cuisine typiquement israélienne, mais on peut parler de cuisine juive ou plutôt de deux types de cuisine juive. Tout d'abord, la cuisine locale, méditerranéenne et proche-orientale qu'on peut aisément associer à la cuisine sépharade ; puis il y a les cuisines juives venues de tous les coins de la diaspora et donc, en masse, d'Europe centrale et des pays slaves : l'étonnante cuisine ashkénaze. A noter que les végétariens trouveront leur bonheur en Israël comme dans tous les pays du Moyen-Orient. Non seulement on trouvera des falafels, pizzas et sandwichs sans viande à chaque coin de rue, mais la plupart des restaurants ont depuis longtemps intégré des plats végétariens à leur carte ; pensez également aux restaurants casher « halavi » (repas lacté, sans viande).

La cuisine juive orientale se caractérise par beaucoup de viandes et poissons grillés ainsi que des salades, aubergines, tomates, poivrons... Le pain y tient un rôle central : que ce soit la moelleuse *pita*, petite galette ronde et plate, ou la *matza*, pain sans levain et craquant, consommé à l'occasion de Pessah. En entrée, on vous proposera la *kémia*, différentes préparations de légumes qu'on sert en petite quantité. Autre élément incontournable : le pois chiche, la base de l'houmous, des falafels, des salades et de certains tajines.

© CÉLINE MAGNIN

Divers gâteaux à déguster sans complexes.

La cuisine ashkénaze sert des *schnitzels* (escalope de poulet ou de veau pané), blintzes (petites crêpes salées), *kartofelmehl kihen* (gâteau de pommes de terre), des foies de veau hachés, des poissons salés ou fumés, du pain de viande, l'incontournable goulasch et la fameuse *gefilte fish*, la carpe farcie ! Le raifort et les *pickles* – légumes et fruits macérés et conservés dans le vinaigre – servent d'accompagnement avec le bagel, petit pain très dense et les blinis.

Produits caractéristiques

Grâce aux *kibboutzim*, les fruits et les légumes ont une place de choix dans la nourriture israélienne, on trouve beaucoup d'agrumes, de melons d'hiver, de courgettes, d'aubergines... En outre, les produits laitiers constituent une autre réussite de l'agriculture israélienne : on peut essayer sans crainte le fromage, le fromage blanc, le lait caillé, les yaourts aux fruits, les crèmes dessert. Tout cela est notamment servi au petit déjeuner, repas souvent excellent et toujours copieux, avec des œufs durs, au plat ou en omelette.

Habitudes alimentaires

Les règles casher

Le mot hébreu « casher » s'applique aux aliments conformes aux prescriptions du judaïsme. Les aliments « casher » proviennent de la « casherout » qui détermine avec soin l'ensemble de ses lois. Dans les grandes lignes, la casherout a imposé le choix des animaux, l'interdiction de mélanger le lait et la viande, l'interdiction de consommer du sang, l'interdiction de consommer des fruits et légumes dans certaines circonstances, et les règles concernant les ustensiles. Par exemple, les animaux doivent être abattus selon une technique rituelle qui consiste à couper la gorge de l'animal d'un seul coup de couteau et à le laisser se vider de son sang. Le sang, symbolisant l'âme de l'animal, ne peut être consommé. Autre règle de la *casherout* : le lait, la crème et le fromage ne peuvent pas être consommés en même temps que la viande, car il est écrit dans la Bible :

© CÉLINE MAGNIN

Le vin est apprécié en Israël.

!! Top.

« Tu ne mangeras pas l'agneau avec le lait de sa mère. » Enfin, la viande de tous mammifères n'ayant pas le sabot fendu (âne, cheval, chameau...) ou de ceux ne ruminant pas la nourriture (tels le porc ou le lapin), les fruits de mer ainsi que les poissons qui ne portent pas de nageoires et d'écailles (lotte, anguille, etc.) sont officiellement interdits.

Recettes

Houmous

Ingrédients : 1 boîte de pois chiches ; 2 à 3 cuillères à soupe de tahin (crème de sésame) ; le jus d'1/2 citron ; huile d'olive ; 3 cuillères de jus de pois chiches ; 1 gousse d'ail ; 1 cuillère à café de sel, du poivre, une pincée de quatre épices, paprika.

Préparation. Mixer les pois chiches, puis réserver. Dans le mixeur, mélanger le tahin avec l'huile d'olive, le jus de citron et la cuillère d'eau froide. Rajouter la purée de pois chiche, le sel, le poivre, les quatre épices et l'ail écrasé. Mélanger, verser dans un bol et saupoudrer de paprika pour décorer. Servir frais.

Jérusalem.

VISITE

Tel Aviv

Tel Aviv, capitale intellectuelle et économique du pays, mérite qu'on y passe quelque temps, ne serait-ce que pour profiter de ses plages et flâner dans ses avenues commerçantes, sur ses marchés et dans ses galeries d'art. Si celle que l'on surnomme « La ville blanche » a, par endroit, mal vieilli et possède, comme bien d'autres grandes villes, des coins de rue sales et des carrefours encombrés, il n'en reste pas moins que c'est une ville qui ne dort jamais, où l'on peut faire la fête jusqu'au bout de la nuit. Et si l'atmosphère des bars et des boîtes de nuit finit par vous épuiser ou ne vous convient pas, rendez-vous dans l'ancien port turc de Jaffa, devenu aujourd'hui un quartier à part entière. Ce havre de paix, apprécié de tous les voyageurs, vit au rythme de ses échoppes et de ses étroites ruelles. Une quiètude qui, à n'en pas douter, donne l'envie d'y rester davantage.

Front de mer, port, Hayarkon, Ben Yehuda

■ BEN GOURION HOUSE

David Ben Gourion fut le premier Premier ministre de l'Etat d'Israël. Dans cette maison où il a vécu, vous découvrirez de nombreux objets, livres, photos lui ayant appartenu.

■ ERETZ ISRAEL MUSEUM

Fondé en 1953 par Walter Moses, qui laissa à la ville de Tel-Aviv une collection impressionnante de poteries, de récipients en verre et de monnaies anciennes, le musée est situé sur le site archéologique de Tel Qasile, dans lequel douze strates de civilisation ont été mises au jour. Il est constitué d'un espace à ciel ouvert, autour duquel se trouvent plusieurs pavillons thématiques, un planétarium et une bibliothèque. Il présente le patrimoine culturel de la terre (Eretz) d'Israël, des premiers temps à nos jours. Dans le parc sont exposés des objets archéologiques et des reconstitutions (four à pain, pressoir à vin) ainsi qu'un jardin botanique. Vous pourrez ensuite visiter les pavillons thématiques. Celui qui est consacré aux céramiques présente des urnes funéraires, des vases chypriotes et grecs richement décorés, et de nombreux produits de fouilles dans le pays, à comparer avec les céramiques contemporaines exposées dans la cour. De même, on pourra comparer les œuvres égyptiennes et phéniciennes du pavillon du verre, antérieures à la découverte de la technique du verre soufflé, avec des œuvres d'artistes et le travail en direct d'un souffleur. A voir aussi, le pavillon des monnaies (à partir du IVe siècle av. J.-C.), celui de la métallurgie (le décor à l'entrée évoque une mine), des reconstitutions d'ateliers de tissage et de ferronnerie, et une exposition intéressante, avec films, photo, documents, consacrée à la famille Rothschild.

MER MEDITERRANEE
0
8 km
N
Ville
Village
Parc et réserve
Autoroute
98 Route principale
978 Route régionale
Route locale
Nahariya
Sheik Dannun
Regba
Bet Ha'Emeq
Yirka
Lavon
Hazrot Yasaf
Shamerat
Tal-El
St-Jean-d'Acre (Akko)
Karmi'el
Yas'ur
Zurit
Na'aman
Kabul
Sakhnin
Qiryat Yam
Qiryat Motzkin
Afeq
Qotanit
Qiryat Bialik
HAÏFA
Qiryat Hayyim
Qiryat Ata
Shefar'am
Qishon
Bet Netofa
Rumat El Haib
Nesher
Bir El-Maksur
Zippory
Tirat Karmel
'Ibtin
Zippori
Hai Bar
Rekhasim
Nofit
Zippori
Hahotrim
Mt. Carmel
Bet Oren
Qiryat Tivon
Allonim
Masshad
Oren
'Isfiya
Ramat Yishay
Timrat
NAZARETH
Daliyyat El Karmel
Bet She'arim
'Atlit
Ein Hod (Ayn Hawd)
Kefar Yehosshu'a
Migdal Haemeq
Ramat David
'En Karmel
Mt Mehalel 458 m.
Yoqne'am 'Illit
Nahal Me'arot
Geva Karmel
Kefar Baruk
Maharal
Kefar Barukh
'Afula
Nahsholim
Bat Shelomo
Mishmar Ha 'Emeq
Dalya
Tel Megiddo
Zikhron Ya'aqov
Daliyya
Giv'at Oz
Avital
Tanimim
Jisr
Binyamina
Avi'el
Umm El-Fahm
Rommana
Giv'at'Ada
(Qesariyya)
Or'Aqiva
Pardes Hanna Karkur
'En Iron
Yamun
Araqa
JENINE
Umm Qutuf
ZONE PALESTINIENNE
HADERA
Hadera
Baqa el Gharbiya
Hermesh
Qabatiya
Mikhmoret
'Arraba
Giv'at Hayyim
Maggal
SAMARIE
Kefar Vitkin
Illar
Kafr Ra'i
4
70
85
805
784
781
784
2
672
79
780
77
721
75
722
73
60
672
66
70
653
652
65
596
574
585
588
581
574
584
60

« Ville blanche » et style Bauhaus

Tel Aviv compte quelque 4 000 immeubles de style Bauhaus (ou style international), qui constituent un patrimoine architectural unique. Ceci vaut à Tel Aviv son surnom de « ville blanche » (comme 56 autres villes dans le monde), et d'être inscrite depuis 2003 sur la liste du patrimoine mondial de l'Unesco. L'école architecturale Bauhaus, qui se définit comme socialiste, voit le jour en Allemagne dans les années 1920. Fondée par l'architecte Walter Gropius à Weimar, en Allemagne, l'école architecturale Bauhaus, d'obédience socialiste, joua un rôle prédominant dans l'évolution des techniques et des idées modernes. Le style Bauhaus s'est développé à Tel-Aviv dans les années 1930, après que plusieurs étudiants formés dans cette école se sont installés dans la ville. De nombreux jeunes architectes juifs s'enthousiasmèrent pour ces constructions dépouillées et sobres, avec des formes rationnelles carrées ou rectangulaires. Cette nouvelle architecture mettait l'homme au centre du dispositif : les bâtiments devaient avant tout être fonctionnels, simples, ouverts sur la rue et sur l'autre ; d'où l'importance des grands balcons. Dénuée de fioritures, la maison Bauhaus a un toit plat qui forme une terrasse où l'on peut se réunir le soir ou même dormir lors des nuits de grandes chaleurs. La plupart de ces bâtiments se trouvent sur les boulevards Ibn Gvirol, Dizengoff, Ussishkin, Nordau et Rothschild, ainsi que dans les environs. Malheureusement, beaucoup de ces immeubles ont mal vieilli. Dans les années 1940, la ville portait le titre de « ville blanche ». Les façades des maisons étaient alors recouvertes d'un crépi uni blanc qui, avec les années, est maintenant devenu gris… Ces immeubles ont aujourd'hui grand besoin d'être rénovés. Pour ce faire, la ville propose certains avantages fiscaux et des arrangements financiers aux propriétaires qui veulent prendre part à ce projet. Ainsi, 1 500 immeubles font partie d'un vaste programme de rénovation. Toutes les maisons de style Bauhaus sont déclarées « bâtiments classés ».

Basel, Hôtel de ville, Azrieli

■ TEL AVIV MUSEUM OF ART

Ce musée possède une superbe collection de toiles et de sculptures d'artistes israéliens, particulièrement des XIXe et XXe siècles. En outre, le musée expose de nombreux artistes internationaux de renom : des maîtres du XVIe au XIXe siècle (Van Dyck, Rubens, Delacroix…), de belles toiles impressionnistes (Monet, Renoir, Pissarro) et post-impressionnistes (Cézanne, Van Gogh), expressionnistes (Munch)… Côté art moderne, on y trouve Picasso, Kandinsky, Modigliani, Dalí, Chagall… Enfin, la partie contemporaine est représentée par les œuvres de Fluxus (en particulier Nam June Paik), du Pop Art (Claes Oldenburg, Roy Lichtenstein…). Plusieurs salles d'expositions temporaires permettent également de découvrir des artistes contemporains.

Dizengoff

■ BAUHAUS CENTER

Le Bauhaus Center est à la fois un espace d'exposition, un musée et une boutique dédiés aux arts influencés par le Bauhaus. Le centre organise aussi des visites guidées à travers la ville, à la découverte de l'architecture Bauhaus tous les vendredis matin à 10h (téléphonez la veille pour vérifier que la visite a bien lieu). Vous pourrez aussi vous procurer une carte indiquant les principaux monuments Bauhaus dans la ville.

■ HELENA RUBENSTEIN PAVILION FOR CONTEMPORARY ART

En 1891, Hélèna Rubinstein, une Juive polonaise de vingt ans, émigre en Australie, où elle se lance dans la fabrication des cosmétiques. Au début du siècle, elle se trouve à la tête d'un empire financier et investit une partie de sa fortune dans le mécénat et la collection d'œuvres d'art. Ce pavillon qui porte son nom est une annexe du musée d'Art de Tel Aviv. Il accueille d'excellentes expositions temporaires d'art contemporain.

Marché Carmel et quartier yéménite, Sheinkin et Nahalat Binyamin

■ BAUHAUS MUSEUM

Au premier étage d'un immeuble des années 1920, construit par Shlomo Gepstein, le musée du Bauhaus rend compte de toute l'histoire du mouvement architectural en Israël et de par le monde. Mobilier, graphisme, design, photo, lampe, céramique... tout ce qui a nourri le Bauhaus depuis le début des années 1920 est ici exposé sous forme d'expositions temporaires. Incontournable pour qui s'intéresse aux arabesques de la Ville Blanche.

■ CARMEL MARKET

Un marché très coloré qui rappelle que nous sommes bien au Moyen-Orient. Il s'agit en fait d'une longue rue étroite, où la foule se fraye un chemin entre les échoppes et les vendeurs qui bradent leurs marchandises. La première partie du marché, quand on vient de la rue Allenby, regroupe les stands de vêtements ; la deuxième est plutôt consacrée à l'alimentation. Les différents produits (pains, épices, olives, fruits, fleurs…) sont ici moins chers que partout ailleurs en ville. Si vous êtes perdu, demandez le souk HaCarmel, tout le monde connaît.

© ANTOINE RICHARD

Bâtiments architecturaux typiques (bauhaus) de la ville de Tel Aviv.

Neve Tzedek, Florentine et Rothschild

■ BEIT HATFUTSOT THE MUSEUM OF THE JEWISH PEOPLE

Ouverte en 1978, la « maison » (beth) de la diaspora juive retrace toute l'histoire de la dispersion des communautés juives à travers le monde, depuis la destruction du Premier Temple de Jérusalem, en passant par les épisodes cruciaux de l'histoire juive, tels que l'Exil à Babylone et l'expulsion d'Espagne en 1492, la Shoah, jusqu'à la création de l'Etat d'Israël, en 1948.

L'exposition permanente est répartie en 6 pavillons : la Porte de la Famille, la Porte de la Communauté, la Porte de la Foi, la Porte de la Culture, Parmi les Nations, de Retour à Sion, qui présentent les différents aspects de la vie du peuple juif à travers les âges et retracent l'histoire des relations entre les communautés juives de la diaspora et leur environnement non-juif, qui s'achève par le récit de la création de l'Etat d'Israël.

La diaspora est plurielle, on le verra dès l'entrée du musée, à travers des maquettes d'intérieurs de maisons juives lors du shabbat : les décorations n'ont rien en commun selon qu'on est en Turquie au XIXe siècle ou en Hollande au XVIIe. Beth Hatefutsoth possède par ailleurs une collection exceptionnelle de maquettes représentant les différentes synagogues dans le monde, celles qui ont été détruites comme celles qui existent encore.

Le musée abrite également un mémorial, sous la forme d'une immense colonne, qui symbolise la survie du peuple juif tout au long des persécutions et massacres.

Enfin, la chronosphère, auditorium en forme de dôme, propose, sur ses murs qui servent d'écrans géants, une présentation audiovisuelle en plusieurs langues de l'histoire et de la migration juive au cours de l'histoire.

Une autre attraction majeure du musée est le Centre de généalogie juive (au 3e étage), qui a réuni l'une des plus riches banques de données sur la diaspora : un système informatisé unique rassemblant plus de 20 000 noms de famille avec, pour tous, leur signification depuis leurs origines bibliques (textes disponibles en anglais seulement). Il est possible de consulter ces données généalogiques au cours d'une visite du musée moyennant un supplément de prix.

Depuis l'été 2011, A-B-See-Do est la nouvelle exposition temporaire qui s'adresse aux enfants et se propose de leur faire découvrir les origines du langage hébreu. L'exposition occupe 570 m² au 1er niveau de the Abraham and Edita Spiegel Family Building.

■ HAGANA MUSEUM

La Haganah, ancêtre des Forces de défense israéliennes, est l'organisation militaire juive créée en 1920 par les premiers immigrants qui permit, plus tard, de gagner la guerre de l'Indépendance en 1948. Situé dans la maison de l'un des fondateurs de la Haganah, et son chef jusqu'en 1945,

Eliyahou Golomb, le musée relate, à travers une exposition multimédia, l'histoire de cette lutte armée pour la création de l'Etat d'Israël.

■ LEVINSKI MARKET

Moins connu que le souk HaCarmel, le marché Levinski est néanmoins le plus authentique et le plus folklorique de la ville. Côte-à-côte, les petites échoppes vendent toutes sortes de spécialités roumaines, turques, latinos, de la viande casher ou des fromages non casher, borekas, des olives, des épices exotiques et moult fruits secs. Tendez l'oreille, vous entendrez encore des personnes qui se parlent en ladino, du judéo-espagnol. Ce marché entretient une certaine nostalgie aux côtés de Florentin le quartier le plus *bobo design* de la ville.

Jaffa

■ DESIGN MUSEUM HOLON

Le Design Museum Holon a ouvert ses portes en mars 2010. Logé dans un bâtiment de l'architecte de renommée internationale, Ron Arad, ce musée est une ressource vitale et dynamique pour les designers, étudiants, industries de la création et le public en général. Chaque année, le musée présente un programme varié d'expositions et d'événements, destiné à aider les visiteurs à acquérir une compréhension plus profonde de la conception et du rôle que joue le design.

■ ILANA GOOR MUSEUM

Dans ce bâtiment du XVIIIe siècle, on accueillait autrefois les Juifs qui se rendaient en pèlerinage à Jérusalem. Aujourd'hui, c'est devenu la maison et le « musée » de l'artiste israélienne Ilana Goor. On peut y voir réunies les pièces de sa collection, sur 3 étages. L'ensemble compose un paysage assez hétéroclite : lourdes tentures, mobilier, espace surchargé et encombré d'objets, atmosphère baroque. Les œuvres, peintures et sculptures sont installées un peu partout, au mur, sur des socles ou sur les meubles : elles sont de tendances diverses, vaguement pop, primitivistes ou évoquant un peu l'art brut... On aime ou on déteste. Mais tous seront d'accord pour dire que l'endroit a une atmosphère très particulière.

■ JAFFA FLEA MARKET (SHUK HA PISHPISHIM)

Le marché aux puces de Jaffa est un des endroits les plus charmants de la ville. Il permet d'allier agréablement shopping et découverte. Toutefois, sachez que le marchandage reste de mise pour obtenir de bons prix.

Jaffa.

Jérusalem

Situé au milieu des collines sèches de Judée, entre le mont Scopus, le mont des Oliviers et la vallée du Cédron, Jérusalem (Yerushalayim, la Ville de la paix en hébreu et Al Quds, la Sainte, en arabe) est une Ville sainte pour chacune des trois grandes religions monothéistes.

A qui vient pour la première fois à Jérusalem, le spectacle laissera un souvenir incomparable. Premier étonnement en arrivant : au bout des rues d'une ville moderne, se trouvent les murailles épaisses et crénelées d'un château du Moyen Age, bâties par Soliman le Magnifique. Ce n'est pas un décor de carton-pâte ; dans ces murailles, il y a des portes, et derrière ces portes une autre ville, une ville dans la ville, une ville d'un autre temps ou plutôt de tous les temps, de tous les mondes : la vieille ville de Jérusalem. Une effervescence inoubliable règne dans ses ruelles où se côtoient des juifs orthodoxes aux longs manteaux et aux chapeaux noirs qui marchent prestement vers le mur des Lamentations, des prêtres grecs ou arméniens qui défilent en procession, des femmes éthiopiennes drapées dans leur long *shama* blanc, des gamins arabes qui dévalent les rues à vélo devant des soldats de Tsahal à peine plus vieux qu'eux...

Jérusalem est une ville à part, c'est sûr. Mais, petit à petit, on s'habitue à cette atmosphère unique. Ces premières sensations ne se renouvelleront plus, mais il y a du temps à passer à Jérusalem. On peut y rester une semaine sans se lasser, à aller de quartier en quartier, de musées en

Dôme du Rocher.

monuments, de synagogue en église et d'église en mosquée. Prenez aussi le temps d'errer dans les rues, sans but précis, en passant de la foule des souks aux recoins déserts des ruelles perpendiculaires. N'oubliez pas non plus la ville nouvelle, Jérusalem Ouest et ses quartiers juifs, riches ou pauvres, à l'aspect européen et aux constructions modernes. On y est moins dépaysé, et pourtant c'est là qu'on trouvera aussi bien les bars et boîtes de nuit branchés que Mea Shearim, le quartier des juifs hassidiques, aux allures d'un ghetto d'avant-guerre. Enfin, à l'est de la ville, vous trouverez le quartier arabe, avec son animation, ses marchés et ses immeubles vieillis.
Avec ses différentes facettes et son caractère sacré, Jérusalem est sans aucun doute l'une des villes les plus fascinantes au monde.

La vieille ville

■ CHURCH OF THE HOLY SEPULCHRE (SAINT SÉPULCRE)

Principal Lieu saint du christianisme, l'église du Saint-Sépulcre est le centre du quartier chrétien. Cette église a été élevée sur le site présumé du tombeau du Christ et sur celui, voisin, de sa crucifixion.

▶ Jadis, cet endroit se trouvait hors des murs de la ville et servait de lieu pour les exécutions. On l'appelait le **Golgotha** (de l'araméen *gulgoleth*), qui veut dire « la colline du crâne », d'une part parce que sa forme arrondie ressemblait à un crâne, et d'autre part parce que la légende situait là l'emplacement où était enterré le crâne d'Adam.

▶ La construction de la première basilique du Saint-Sépulcre commença en 326, sur ordre de l'empereur Constantin. Elle fut érigée à l'endroit d'un temple et d'un sanctuaire romains du IIe siècle qui, selon la tradition locale, se dressaient sur le lieu même où Jésus avait été crucifié et enterré. Lorsque les édifices romains furent démolis, plusieurs tombes taillées dans le roc furent découvertes.

▶ Il ne reste aujourd'hui pas grand-chose de l'édifice byzantin d'origine qui fut incendié et pillé par les Perses en 614, partiellement rebâti, endommagé par un tremblement de terre en 808 et démoli à nouveau, en 1009, sur ordre du calife fatimide el-Hakem. Une partie fut reconstruite par l'empereur byzantin Constantin Monomaque en 1048, mais, pour l'essentiel, le bâtiment actuel est le résultat d'une reconstruction par les croisés au XIIe siècle ainsi que de rénovations ultérieures. Avec ses ajouts successifs, ses cryptes et ses étages l'église est un vrai labyrinthe.

▶ Immédiatement à l'entrée de l'église, on ne peut manquer la dalle de pierre en calcaire rose, illuminée par huit lampes suspendues symbolisant les différentes confessions chrétiennes. Il s'agit de la **Pierre de l'Onction** où, selon les grecs orthodoxes, le corps du Christ serait descendu de la croix. Selon les catholiques romains c'est ici qu'il aurait été oint avant d'être mis au tombeau. Autour de la dalle on remarquerales nombreux pèlerins qui versent de l'huile sur la pierre et humectent un linge en signe de dévotion.

Jérusalem
0 300 m
N
Monument ou curiosité
Musée
Église
Synagogue
Mosquée
Monastère
Marché
Gare ferroviaire
Hôpital
Poste
Porte
Divers
Tramway
Musée d'Art juif
KIRYAT BELZ
KIRYAT TSANZ
KIRYAT SHEVA
ROMEMA ILIT
MEI NAFTO'AKH (LIFTA)
Marché
GIVAT SHAUL
QUARTIER INDUSTRIEL
ROMEMA
SHIKUN KABAD
MAKOR BARUKH
Jerusalem Chorus Bridge
Central Station
EZ HAYM
Denia Square
HAMEKASHER
Kiryat Moshe
Mahane Yehuda
Marché Yehuda
MAKHANE YEHUDA
KIRYAT MOSHE
He-'Haluts (Haft Square)
ZIKHRON YOSEF
Denia Square
BEIT HAKEREM
Centre Gerard Beh
KIRYAT DAVID BEN GURION
NAHLAT AHIM
Musée de la science
Knesset
SHA'AREI KHESED
KIRYAT WOLFSON
SHKHUNAT HAPO'ALIM
Bible Land Museum
Parc de Rekhavia
NEWE SHA'ANAN
NEWE GRANOT
Musée d'Israël
KIRYAT SHMU'EL
Musée d'Art
NAYOT
SHIKUN RASKO
GIVAT MORDEKHAI
GONEN
Sderot Ben Gurion
Azri'el
Givat Sha'ul
Azri'an
Onkelos
Ben Uzi'el
Hareuveni
Harav Shazira Ga'on
Natronai
Ba'al Hasheiltot
Ben Zion
Bet She'arim
Harav Raines
Sderot Weizman
Yamin Avot
Itzhak Ben Dor
Kiryat Moshe
Farbstein
Sderot Herzl
Dgania
Rabi Binyamin
Khazon Zion
Sderot Shezar
Nordau
Yafo
Sderot Itzhak Rabin
Wolfson
Sha'arei Hamishpat
Derekh Rupin
Sderot Hamuze'onim
Eli'ezer Kaplan
Rotshild
Sderot Hanasi Ben Tsvi
Sderot Kha'ym Hazaz
Derekh Balfour
Sderot Menakhem Begin
Brodetski
El'Ashar
Yehuda Burla
Avraham Granot
Professor Rakakh
Betzalel Bazaq
Haym Heler
Harav Herzog
David Shimoni
Tshernihovski
Hapalmakh
Hama'apilim
Harav Sorotskin
Petah Tikva
Rishon Lezion
Yarmiyahu
Tora Mezion
Malkhei Israel
Bar Giora
Agripas
Betsalel
Shabazi
Hagai
Habanai
Hekhaluts
Hasatat
Bialik
Hame'Yasdim
Shakhar
Karmon
Wise
Yosef Davidson
Nayot
Yehoshu'a Yevin
Itzhak Shami
Bustanai
Kovshei Katamon
Negba
Harav Berlin
Harlap
Ben Avi
Alfasi
Rashba
Sa'adia Ga'on
Derekh Rupin
Shilo
Rama

MA'ALOT DAFNA
KIRYAT ARIE
EZRAT TORA
SHEKH JARAH
Shimron Ha-Tsadik
Shivter Israël
KEREM AVRAHAM
GEULA
BEIT ISRAEL
MEA SHE'ARIM
MORASHA
MIGRASH HARUSIM
BAB A-ZAHRA
Hôpital Bilal
Monastère
Musée Rockfeller
Tombe du Jardin
Porte d'Hérode
Porte de Damas
Damascus Gate
QUARTIER MUSULMAN
QUARTIER CHRÉTIEN
VIEILLE VILLE
HAR HABAIT
Porte dorée
Saint-Sépulcre
Nouvelle Porte
Notre-Dame
City Hall
Hôtel de ville
Poste centrale
Jaffa Center
Ha Davidka
Hôpital Bikur Holim
Musée italien
MAMILA
KFAR DAVID
Porte de Jaffa
David
Tour du Musée David
Synagogue Ramban
QUARTIER JUIF
QUARTIER ARMÉNIEN
Porte Dung
Porte de Sion
IR DAVID
YAMIN MOSHE
REKHAVIA
Synagogue Yeshurun
KOMEMI'YUT
MISHKENOT SHE'ANANIM
HAR ZION
Tombe du roi David
SILWAN (KFAR HASHILO'AH)
Résidence de la Présidence
Théâtre de Jérusalem
Théâtre Hakaron
Théâtre Hakhan
Hôpital Hansen
Musée d'Histoire Naturelle
EMEK REFA'IM
GIVAT KHANANYA
ABU TOR
HAMOSHAVA HAGERMANIT
Hativat Yerushala'im
Derekh Hevron
Dereh Yeriho
Dereh Ha'ofel
Via Dolorosa
Hanevi'im
Yafo
Shivtei Israel
Derekh Shkhem
Sultan Suleiman
Salah E-din
Shimon Hatzadik
Hrav Meir Bar Ilan
Keren Ha'yesod
David Hamelekh
Emek Refa'im

Le Saint-Sépulcre comprend les **cinq dernières stations du chemin de la Croix** (Via Dolorosa). En entrant dans la basilique, l'escalier sur votre droite vous mènera dans une chapelle divisée en deux nefs. La chapelle de gauche appartient aux grecs orthodoxes, celle de droite aux franciscains. A l'entrée de cette dernière se trouve la dixième station de la Via Dolorosa où Jésus aurait été dépouillé de ses vêtements. A l'intérieur de la même chapelle vous verrez la XIe station, l'endroit où Jésus aurait été cloué sur la Croix. La XIIe station se situe dans la chapelle grecque orthodoxe et marque le trépas de Jésus sur la croix. Entre les stations XI et XII se trouve la station XIII où le corps de Jésus aurait été descendu de la croix et remis à Marie.

En descendant l'escalier derrière la chapelle grecque orthodoxe vous arriverez au rez-de-chaussée. Le tremblement de terre qui eut lieu au moment du décès du Christ aurait provoqué la **fissure**, protégée derrière une vitrine, que l'on aperçoit sur le mur.

Au centre de la rotonde se trouve le Saint-Sépulcre qui conserve le tombeau de Jésus. Le petit édifice est composé de deux pièces. La première est la chapelle de l'Ange au centre de laquelle est conservé un fragment du rocher sur lequel se serait assis l'ange quand les femmes se rendirent au tombeau déjà vide, après la résurrection du Christ. La deuxième pièce est la chambre mortuaire proprement dite, qui est aussi la dernière station du chemin de Croix. Au-dessus du tombeau, 43 lampes en argent ont été suspendues. 13 appartiennent aux Latins, 13 aux Grecs, 13 aux Arméniens, alors que les Coptes n'en ont que quatre.

Le Saint-Sépulcre est partagé entre **six communautés chrétiennes** : catholiques romains, grecs orthodoxes, arméniens, coptes, éthiopiens, syriens. Les musulmans, pour qui Jésus est un prophète, sont aussi représentés.

Un escalier permet de rejoindre la partie inférieure de l'église du Saint-Sépulcre et d'atteindre **la chapelle Sainte-Hélène**. Elle appartient à l'Église apostolique arménienne et date du XIIe siècle. Enfin, sur le toit du Saint-Sépulcre, se trouve **le monastère Deir es-Sultan**, de l'Église éthiopienne orthodoxe.

ETHIOPIAN MONASTERY OF DEIR ES-SULTAN

Sur le toit du Saint-Sépulcre se trouve le monastère éthiopien Deir es-Sultan, installé sur les ruines d'un cloître médiéval construit par les Croisés. Ce monastère de l'Église éthiopienne orthodoxe s'appelait à l'origine Deir el-Malak (le monastère de l'Ange). Il fut confisqué aux Coptes par les Croisés, puis rendu par Saladin en 1187. Il prit alors ce nouveau nom qui signifie « le monastère du Sultan ». Au XVIe siècle, à la suite des guerres entre l'Adal et l'Abyssinie, la communauté éthiopienne de Palestine est expulsée du Saint-Sépulcre auquel elle avait accès et s'installe dans deux chapelles extérieures partagées avec les Coptes. En 1890, le sultan ottoman Abdülhamid II accorde à la communauté éthiopienne le droit d'installer une grande tente sur le toit, initialement pour célébrer Pâques. Aujourd'hui, le monastère réoccupé est une réplique d'un village de huttes de terre africain. Au milieu, une coupole permet d'éclairer la chapelle de Sainte-Hélène qui se trouve dans le Saint-Sépulcre, sous vos pieds.

■ HURVA SYNAGOGUE

Cette synagogue, qui a été l'un des hauts lieux de culte des juifs en Palestine avant la création de l'Etat d'Israël, avait été détruite par les Jordaniens. Elle a été rouverte en mars 2010, sur le modèle exact de l'ancienne synagogue. C'est la troisième fois que la Hourva est construite puisqu'elle a déjà été détruite par deux fois, en 1721 puis en 1948. Jusqu'en 2005, un majestueux arc de pierre témoignait de la splendeur de ce qui avait été la plus grande synagogue du pays. Il a fallu sept ans de travaux et plus de 62 millions de shekels (15 millions d'euros) pour que la Hourva retrouve son éclat d'antan. Après avoir passé les trois portails de fer, on arrive sur une immense salle dont le dôme de pierre atteint les 24 mètres. L'élément le plus marquant est le Aron Hakodech, l'armoire où sont gardés les livres sacrés, au milieu du Mur oriental. Autour du Aron, on peut voir des gravures sur bois et à sa droite le pupitre du Hazan. La lumière pénètre dans la salle grâce à douze fenêtres placées à la base de la coupole. En grimpant au sommet des tours, on gagne une terrasse d'où s'ouvre une vue splendide sur la vieille ville de Jérusalem.

© CÉLINE MAGNIN

Jerusalem roots

■ KOTEL TUNNELS

Il est possible de visiter les tunnels et les fondations du mur des Lamentations (Western Wall). Les visites se font avec un guide qui vous emmènera dans un passage long de 500 m qui longe la prolongation souterraine du mur des Lamentations. La visite dure environ 1 heure 30. L'ensemble des tunnels comprend aussi le Centre des générations. Ce centre raconte l'histoire du peuple juif depuis 3 500 ans. Mélange de lumières, de musiques, de sculptures de verre, d'éléments archéologiques, cette expérience entraîne le visiteur à travers plusieurs salles présentant diverses époques, depuis les Patriarches à l'Etat d'Israël. Réservation obligatoire.

■ MUSEUM OF THE HISTORY OF JERUSALEM

Situé dans l'ancienne citadelle, également appelée la tour de David, ce musée offre une présentation concise de l'histoire de Jérusalem : le produit des fouilles, datant de différentes périodes, ainsi que des maquettes, des images en trois dimensions et des films. Chaque salle retrace une période historique de Jérusalem (cananéenne, hérodienne, romaine, etc.). Un spectacle son et lumière est programmé le soir en été.

■ SAINT-JAMES CATHEDRALE (CATHÉDRALE SAINT-JACQUES)

Cette cathédrale orthodoxe arménienne fut construite au XIe siècle par les Géorgiens, puis restaurée au XIIe par les Arméniens. L'édifice actuel comprend des éléments plus anciens, notamment la chapelle de Saint-Menas, qui date peut-être du Ve siècle. Dans la cathédrale, un petit réduit très ornementé abriterait, selon la tradition arménienne, la tête de saint Jacques le Majeur, le premier apôtre martyr, qui aurait été décapité sur le site même. Toujours selon les Arméniens, un deuxième saint Jacques, qui pourrait être le frère de Jésus, serait enterré sous l'autel principal de l'église. C'est la plus belle église de Jérusalem, avec ses murs couverts de faïence du XVIIIe siècle, ses tapis, ses lampes à huile et l'odeur d'encens qui baigne le tout.

■ SANTA ANNE'S BASILICA (ÉGLISE SAINTE-ANNE)

Construite durant la première moitié du XIIe siècle et dans un parfait état de conservation, c'est le plus bel exemple de l'architecture religieuse des Croisés. De style roman, elle a été bâtie sur le site de la « piscine des Brebis » ou « piscine de Bethesda ».

Une ville trois fois sainte

Pour les chrétiens comme pour les juifs, la Bible est le Livre et Jérusalem est la Ville : « Et je vis la cité sainte, Jérusalem nouvelle, qui descendait du ciel, de chez Dieu ; elle s'est faite belle comme une jeune mariée parée pour son époux. » (Apocalypse, 21, 2). Pour les juifs, Jérusalem est le lieu où, sur le mont Moriah, Abraham aurait accepté de sacrifier son fils Isaac. En souvenir de cet acte fondateur du judaïsme, Salomon, fils de David (qui fit de Jérusalem la capitale d'Israël), y fit construire le premier Temple, qui fut détruit par Nabuchodonosor, reconstruit, puis de nouveau détruit par Titus. Les chrétiens y firent bâtir l'église du Saint-Sépulcre à l'endroit où le Christ aurait été enterré. Pour les musulmans, le lieu du (non) sacrifice d'Ismaël (selon la tradition musulmane, c'est son fils aîné, Ismaël, et non pas Isaac, que le patriarche aurait été prêt à offrir en sacrifice à Dieu) et de la crucifixion du prophète Issa (Jésus en arabe) est aussi celui de la montée au Paradis du prophète Mahomet, et le troisième lieu saint de l'islam après La Mecque et Médine. Sur les ruines du Second Temple, ils firent construire le dôme du Rocher et la mosquée al-Aqsa. Ils appelèrent la ville al-Quds, « la Sainte ».

© ATAMU RAHI - ICONOTEC

Église Sainte-Anne.

Celle-ci comportait cinq portiques sous lesquels gisait une foule d'infirmes, d'aveugles, de boiteux, d'impotents, qui attendait le bouillonnement de l'eau. C'est ici que Jésus aurait guéri un paralytique (Jean, 5 : 1-16). Juste à côté se trouverait également le domicile de la famille de la Vierge Marie, qui y vit le jour et y reçut la visite de l'ange Gabriel. En 1856, l'Empire ottoman offrit l'église à la France en remerciement pour son soutien au cours de la guerre de Crimée contre la Russie.

■ TEMPLE MOUNT (MONT DU TEMPLE)

Le mont du Temple est situé au dessus du mur des Lamentations. Sa partie supérieure abrite une esplanade et plusieurs lieux de culte.

▶ L'esplanade des Mosquées (Haram el-Chérif, qui signifie Noble Sanctuaire) est un vaste espace dallé et planté de cyprès, aménagé comme un lieu de détente. C'est aussi un site religieux très disputé. Le mont Moriah, sur lequel se trouve l'esplanade, correspond, pour les Juifs, au lieu de la création du monde. Selon le Talmud, ici le Créateur aurait pris un peu de terre pour façonner Adam. Par la suite, il devint un lieu de sacrifice aussi bien pour les juifs que pour les musulmans. Ici, Abraham offrit son fils sacrifice. Cependant, pour les juifs, il s'agissait d'Isaac, tandis que pour les musulmans, c'est Ismaël que le patriarche aurait voulu sacrifier. De plus, la tradition musulmane identifie le mont Moriah comme le lieu où Mahomet aurait effectué l'ascension aux sept cieux pour rejoindre Allah. Sur le mont Moriah se dressaient le premier, puis le second Temple, et c'est aujourd'hui l'un des lieux les plus sacrés de la religion musulmane. Après la Guerre des Six Jours, Moshe Dayan remit le mont du Temple aux autorités palestiniennes de Jérusalem, ce qui n'a jamais été accepté par les extrémistes juifs.

Au centre de l'esplanade, le dôme du Rocher (Qubbat el-Sakkhra en arabe) a été construit au VIIe siècle et tire son nom du « rocher » qu'il abrite, un affleurement du mont Moriah, sacré aussi bien pour le judaïsme que pour l'Islam. Selon la tradition musulmane, de ce rocher Mahomet serait parti rejoindre Allah. Le rocher aurait voulu le suivre et Mahomet l'aurait repoussé de son pied on y laissant son empreinte. Selon la tradition juive, deux fois par mois les morts se rencontreraient pour prier dans le « puits des Âmes », une grotte à laquelle on accède par un escalier situé sous le rocher. Le Dôme fut érigé par le calife Abd al-Malik pour contrebalancer l'influence de l'église du Saint-Sépulcre, dont le plan du Dôme reproduit la structure circulaire. Originellement dorée, sa coupole fut rapidement détournée par un calife endetté. D'abord recouverte d'aluminium par les Etats du Golfe, elle fut de nouveau dorée en 1994 par le roi Hussein de Jordanie. Les façades du Dôme sont recouvertes de versets du Coran et de mosaïques aux couleurs bleu, blanc et jaune qui en font un songe des Mille et une Nuit. Même si on l'appelle aussi « mosquée d'Omar », le dôme du Rocher n'est pas véritablement une mosquée mais plutôt un sanctuaire.

Face à lui, se trouve la mosquée al-Aqsa (« la moquée la plus lointaine » en référence au voyage miraculeux que Mahomet aurait accompli pour rejoindre Allah au ciel). Il ne reste plus rien de la mosquée originelle, construite au VIIIe siècle sur les vestiges d'une ancienne église byzantine, qui fut détruite à deux reprises par des tremblements de terre. Les parties les plus anciennes du bâtiment actuel remontent à 1035 et à 1218, dont un mihrab (niche indiquant la direction de La Mecque) de l'époque de Saladin. Les très belles colonnes de marbre de l'intérieur furent offertes par Mussolini en 1939.

THE CITADEL & TOWER OF DAVID MUSEUM

La citadelle est depuis l'Antiquité un point de repère à Jérusalem. Elle est située à l'angle ouest de la vieille ville, à quelques mètres de la porte de Jaffa. Elle abrite aujourd'hui le musée de la Tour de David, dont les expositions retracent 5 000 ans de l'histoire de la ville. Un ensemble de fortifications érigées ici sur ce site pendant plus de vingt siècles protégeait l'accès à l'ouest et surplombait toute la ville.

Le premier à bâtir des remparts dans cette partie de la ville fut Ezéchias, roi de Juda, à la fin du VIIIe siècle av. J.-C. La muraille fut endommagée au VIe siècle av. J.-C., au moment de la conquête de la ville par les Babyloniens. Elle fut restaurée 300 ans plus tard par les Asmonéens qui consacrèrent de grands efforts à l'agrandissement du périmètre de la ville et étayèrent son système de défense. Une muraille d'une épaisseur de 4 m, encore visible à la citadelle, date de cette période.

Vers l'an 24 av. J-C, le roi Hérode renforça les fortifications dans ce secteur de la ville et adjoignit trois tours massives à la muraille originelle. Il leur donna les noms respectivement

Une ruelle typique du vieux Jérusalem.
© CAMILLE ESMIEU

de son frère Phasaël, de son ami Hippicus et de sa femme, Myriam. Ces tours, proches du Palais d'Hérode, en assuraient la défense. L'une des tours a survécu aux outrages du temps et elle est connue de nos jours sous le nom de tour de David (ce nom – Migdal David, en hébreu – est probablement dû à une erreur d'interprétation faite par les pèlerins chrétiens à l'époque byzantine). Elle se dresse sur une hauteur de 20 m et est l'un des exemples les plus révélateurs de la technique de construction de la période du second Temple à Jérusalem.

▶ **A l'époque byzantine,** la citadelle était tombée en ruine. Reconstruite par les croisés qui y établirent une garnison (les contours de la citadelle visibles de nos jours datent d'ailleurs de cette période), elle fut démolie encore une fois par les Mamelouks en 1239 et resta à l'abandon jusqu'en 1335. A cette date, les Turcs procédèrent à la restauration des murs. Soliman le Magnifique y ajouta un pont, une terrasse et fit construire une mosquée. Un minaret fut élevé sur la tour de David.

▶ **Base anglaise jusqu'en 1948,** puis base jordanienne jusqu'en 1967, la citadelle n'a plus été, depuis cette dernière date, utilisée à des fins militaires.

■ THE GENERATIONS CENTER

Ce centre raconte l'histoire du peuple juif depuis 3 500 ans. Mélange de lumières, de musiques, de sculptures de verre, d'éléments archéologiques, cette expérience entraîne le visiteur à travers plusieurs salles présentant diverses époques, depuis les Patriarches à l'Etat d'Israël.

■ THE REMPARTS WALK

Rénové et amenagé en promenade, le chemin des Remparts constitue un circuit de randonnées unique. Vous pouvez soit partir vers le sud, de la tour de David jusqu'à la porte des Immondices (vues sur l'extérieur de la ville), ou vers le nord, depuis la porte de Jaffa jusqu'à la porte de Damas (vues sur la vieille ville). La partie qui côtoie le mont du Temple est fermée pour des raisons de sécurité. Le bureau pour acheter les tickets se trouve à la porte de Jaffa, à côté de l'office du tourisme.

■ VIA DOLOROSA PROCESSION

La Via Dolorosa – qui part de la porte des Lions, à l'est de la ville, traverse le quartier musulman le long du mont du Temple et se termine au Saint-Sépulcre, dans le quartier chrétien – aurait été le chemin du Christ portant sa croix, du fort d'Antoine jusqu'au Calvaire. Tous les vendredis, une procession est organisée par les moines franciscains le long de cette « voie douloureuse ». Elle part de la chapelle de la Flagellation et est suivie par une foule impressionnante de pèlerins. Le chemin de croix comprend quatorze stations :

▶ **1 –** C'est dans la chapelle de la Flagellation que Jésus, selon la tradition, fut interrogé par Ponce Pilate. Il y fut fouetté, puis condamné à mort.

Cette modeste chapelle a été construite sur l'emplacement d'un oratoire datant du temps des croisés. A l'intérieur, on peut voir des vitraux représentant la flagellation du Christ, Pilate se lavant les mains et la libération de Barabbas. Au-dessus de l'autel, se trouve une grande couronne d'épine dorée.

▸ **2** – Dans l'église franciscaine de la Condamnation, juste à côté de la chapelle de la Flagellation, Jésus est chargé de la croix.

▸ **3** – La Via Dolorosa tourne à gauche pour suivre le cours d'Al-Wad Road, le temps de deux stations. Au croisement, une petite chapelle, bâtie par des soldats catholiques appartenant à la Cavalerie polonaise, marque l'endroit où Jésus tombe pour la première fois.

▸ **4** – Toujours dans Al-Wad Road, à côté de l'église arménienne, Jésus rencontre sa mère Marie.

▸ **5** – Simon de Cyrène aide Jésus à porter la croix.

▸ **6** – Sainte Véronique essuie le visage de Jésus. A l'intérieur de la petite église arménienne se trouve le tombeau de la sainte.
Quant au voile de soie qu'elle utilisa pour essuyer le visage du Christ, et sur lequel ses traits restèrent imprimés, il est conservé depuis l'an 707 dans la basilique Saint-Pierre de Rome.

▸ **7** – Ici, le chemin de Croix croise le bruyant souk Khan es-Zeit. Juste après, Jésus tombe pour la deuxième fois.

▸ **8** – Une petite croix gravée sur le mur du couvent des Johannites rappelle l'épisode où Jésus console les femmes de Jérusalem. « Ne pleurez pas sur moi, filles de Jérusalem, mais sur vous et sur vos enfants. »

▸ **9** – A l'église copte qui donne sur le souk Khan es-Zeit, Jésus tombe pour la troisième fois. Les cinq dernières stations se trouvent dans l'église du Saint-Sépulcre.

▸ **10** – A l'entrée de la chapelle franciscaine de l'étage supérieur du Saint-Sépulcre, sur le site présumé du Calvaire, ou Golgotha, Jésus est dépouillé de ses vêtements.

▸ **11** – Dans la chapelle franciscaine, Jésus est crucifié.

▸ **12** – La mort de Jésus, dans la chapelle grecque orthodoxe.

▸ **13** – Juste à côté, le corps de Jésus est remis à sa mère.

▸ **14** – Enfin, la mise au tombeau, dans le Saint-Sépulcre proprement dit, au rez-de-chaussée et au centre de l'église.

■ WESTERN WALL (MUR OCCIDENTAL, MUR DES LAMENTATIONS) OU HAKOTEL

Le Mur des Lamentations ou Mur occidental (Hakotel Hamaaravi, ou simplement HaKotel, « mur de l'Ouest » en hébreu) est le lieu le plus sacré pour les juifs du monde entier. A toute heure du jour et, souvent aussi, de la nuit, les fidèles viennent se recueillir et déposer dans les interstices des petits papiers sur lesquels ils ont émis des vœux. On dit que les gouttes de rosée qui couvrent le Mur à l'aube sont les larmes du peuple hébreu souffrant.
Le terme usuel de « mur des Lamentations » fait allusion aux

pèlerins qui, pendant la période ottomane, venaient y pleurer la destruction du Temple et l'exil du peuple juif. Mais, depuis la création de l'Etat d'Israël, l'appellation « Mur occidental » est plus correcte. Erigé il y a environ 2000 ans, ce pan de 80 m de longueur n'est en fait qu'une partie de la muraille occidentale du Temple construit par Hérode, dont la longueur totale frôlait les 500 m. Elle s'élevait à 60 m de hauteur, mais les 20 m supérieurs ont été détruits et les 20 m inférieurs sont enfouis sous terre. Le Kotel se prolonge sous des arcades, sous le quartier musulman, et on peut le longer en suivant un tunnel ouvert au public il y a une dizaine d'années. Des soldats aux entrées de la place vérifient les sacs et, le cas échéant, vous rappelleront les consignes à respecter. La présence des touristes est tolérée, même dans l'espace réservé à la prière, à condition qu'ils aient une tenue correcte : une kippa est donnée aux hommes à l'entrée.
Vous serez certainement frappé par la ferveur religieuse qui règne parmi les fidèles, en particulier le soir du shabbat. Attention, il est alors strictement interdit de prendre des photos. On peut aussi assister à des bar mitzvah, deux fois par semaine, le lundi et le jeudi matin. Remarquez alors les femmes, qui n'ont pas le droit d'entrer du côté des hommes, qui jettent des bonbons au jeune garçon. Les cérémonies se succèdent à une cadence incroyable. On est vite frappé par les différences sociales marquées par le nombre de personnes réunies, la présence ou non de musiciens pour ouvrir le cortège…

Au sud et à l'est de la vieille ville

■ CITY OF DAVID – JERUSALEM ARCHEOLOGICAL PARK

La Cité de David, objet de fouilles archéologiques depuis 1850, est le site le plus ancien de Jérusalem. Elle fut construite sur la colonie cananéenne que David conquit ici il y a environ 3 000 ans. A partir de la terrasse d'observation située près de l'entrée, on peut constater l'importance géostratégique des lieux. On distingue les deux vallées qui délimitent la colline, ainsi que les montagnes qui l'entourent de tous côtés : le mont du Temple au nord, le mont des Oliviers à l'est, le mont Sion à l'ouest et la crête d'Armon Hanatsiv au sud.

Citadelle et tour David.

Un peu en contrebas, vous arrivez dans la **Cité royale**, une zone où se trouvaient, à l'époque du premier Temple, des maisons dont tout laisse à penser qu'elles étaient habitées par des notables (notamment parce qu'on y a retrouvé des toilettes privées). On a aussi trouvé, dans le sous-sol d'une de ces maisons, une cinquantaine de sceaux en argile sur lesquels sont gravés des noms en hébreu ancien. Parmi ces noms, on trouve celui de « Gemaria ben Shafan », un scribe royal cité par le prophète Jérémie (chapitre 36, verset 10). Le quartier royal fut détruit par les Babyloniens en 586 av. J-C. Pendant la première période du deuxième Temple, une nouvelle muraille de la ville fut construite en amont de cette zone d'excavation, plaçant les ruines de la Cité royale en dehors des limites de Jérusalem.

Le parcours vous mènera ensuite dans un **tunnel souterrain** creusé à l'époque cananéenne et qui conduit à la **source du Gihon**, au pied de la colline, qui constituait la principale source d'approvisionnement en eau pour les habitants de Jérusalem. Ce tunnel permettait aux Jébuséens (habitants de Jérusalem avant sa prise par le roi David) de rejoindre la source en cas de siège sans se faire voir de leurs ennemis. C'est aussi certainement par ce tunnel que David prit la ville.

Le tunnel passe à côté de la partie supérieure du **puits de Warren**, un large puits naturel creusé dans le rocher et découvert par l'Anglais Charles Warren en 1867. Celui-ci descend jusqu'à la hauteur de la source. Afin de permettre à un grand nombre de personnes de les puiser simultanément, les eaux de la source étaient recueillies dans un vaste bassin, surmonté de tours fortifiées.

Vous pourrez ensuite emprunter le tunnel d'Ezéchias, long de 500 m, qui, au terme d'un parcours d'environ 30 minutes, va vous mener jusqu'au bassin de Siloé. C'est ici que, selon la tradition chrétienne, Jésus aurait guéri un aveugle. Le tunnel est rempli

Jeune vendeur de chapeaux.

d'eau, qui arrive environ jusqu'à la taille : prévoyez des chaussures et des vêtements en fonction et de quoi vous changer. Une lampe de poche peut aussi être utile. Si vous ne voulez pas vous mouiller, vous pourrez néanmoins faire le trajet par un autre tunnel datant de l'époque cananéenne, au sec. Le but de ce passage souterrain, construit vers 700 av. J.-C. par le roi de Judée Ezéchias, était de conduire les eaux du Gihon dans un bassin situé à l'intérieur des murs, à l'extrémité sud de la ville. On a découvert en 1880 une inscription qui nous révèle que le tunnel a été creusé par deux équipes se dirigeant l'une vers l'autre. Du bassin de Siloé, un petit escalier vous mène à une esplanade d'où vous pourrez descendre vers un petit étang, la piscine de Siloé. Découverte en 2005, elle date de la période du second Temple quand elle était utilisée pour des rituels de purification.

▶ **Cette visite est incontournable** pour qui veut comprendre l'histoire de Jérusalem et faire le lien entre l'histoire biblique et les lieux où elle s'est déroulée. Les guides font d'ailleurs constamment cette démarche et vous conduisent réellement, la Bible à la main, sur les pas de David, des rois et des prophètes qui lui ont succédé.

■ MOUNT OF OLIVES (MONT DES OLIVIERS)

A l'est de la vieille ville, le mont des Oliviers est un site très important pour les religions juive, chrétienne et musulmane. Le descriptif suivant indique les principaux lieux à voir ou à visiter entre la porte des Lions et l'église de l'Ascension.

▶ **Le mont des Oliviers,** qui culmine à près de 900 m, accueille sur sa partie occidentale le plus ancien et le plus grand cimetière juif du monde. Les 150 000 tombes qui le couvrent donnent à cette partie du mont une couleur blanche. Selon la tradition juive, le Messie, qui amènera la résurrection des morts, passera en premier lieu par le mont des Oliviers avant d'entrer dans Jérusalem.

▶ **Situé au pied du mont des Olivier** (et dans la Vallée du Cédron), le tombeau de la Vierge Marie (Mary's Tomb ou Church of the Assomption), est le premier site chrétien que vous rencontrerez en rejoignant le sommet. La chapelle a été construite par les croisés au XIIe siècle, sur le site d'un édifice plus ancien.

▶ **Vous arriverez ensuite au jardin de Gethsémani,** le jardin des Oliviers, où Jésus se recueillit la nuit précédant son arrestation. Vous y trouverez la basilique de l'Agonie (Basilica Agoniæ Domini), qui date de 1924. Le nom d'église de Toutes-les-Nations (Church of All Nations) également donné à l'édifice rend hommage aux nombreux pays qui ont financé sa construction. Certains oliviers du jardin auraient été plantés il y a plus de 2 000 ans.

▶ **Vous poursuivez votre chemin** en direction de l'église russe orthodoxe de Marie-Madeleine (Church of Mary Magdalene) avec ses coupoles dorées, construite en 1886 par le Tsar Alexandre III, puis jusqu'à l'église du Notre-Père (Pater Noster Church), construite en 1106 par les croisés sur le site où Jésus aurait enseigné la prière du « Notre Père » à ses disciples.

Entre les deux, ne manquez pas la chapelle Dominus Flevit, construite en 1955 et située où Jésus aurait pleuré avant d'entrer dans Jérusalem en prédisant sa destruction ; d'où son nom qui signifie en latin « le Seigneur a pleuré ».

Au sommet du mont, vous parviendrez enfin à l'église (devenue mosquée) de l'Ascension, un édifice initialement construit à l'époque byzantine, puis reconstruit par les croisés au XIIe siècle, sur le site où Jésus serait monté au paradis. C'est durant la période ottomane, après la prise de Jérusalem par Saladin, en 1187, que l'église fut convertie en mosquée de l'Ascension et qu'on lui adjoignit un minaret. Dans l'édifice, on peut voir une trace conservée sur le sol ; selon une légende, il s'agirait de l'empreinte d'un pas que Jésus aurait laissé avant de s'élever vers le ciel.

Le couvent russe orthodoxe de l'Ascension (fin XIXe siècle) se situe tout près, dans le village d'A-Tur. La tour de son église domine le mont des Oliviers de 64 mètres et offre un magnifique panorama sur le désert de Judée. A proximité, en se dirigeant vers le mont Scopus, on trouve l'hôpital Augusta-Victoria (1907-1910), dans l'enceinte duquel l'église luthérienne de l'Ascension possède également un clocher d'une soixantaine de mètres dont l'accès est possible.

MOUNT SCOPUS

Au nord du mont des Oliviers et au nord-est de la vieille ville, le mont Scopus domine la Ville sainte de ses 840 m de hauteur. Vue superbe sur la vieille ville et, de l'autre côté, sur les collines sèches de Judée. Ce point stratégique fut utilisé par toutes les armées qui tentèrent de conquérir Jérusalem.

On pourra y voir le cimetière britannique où ont été enterrés les soldats tombés lors de la prise de Jérusalem en 1917. Aujourd'hui, c'est surtout un centre universitaire, avec en particulier l'Université hébraïque, fondée dès 1925. Entre 1949 et 1967, le mont Scopus devint une enclave israélienne au sein du territoire jordanien de Jérusalem-Est, et l'Université fut alors déménagée dans le quartier de Givat Ram, à proximité de la Knesset. Revenue sur le mont Scopus, elle est ouverte toute l'année aux étudiants étrangers désireux d'apprendre l'hébreu. Sur le campus se trouve également l'école d'art Bezalel, fondée en 1906. On peut y voir des expositions toute l'année. L'école doit son nom à Bezalel Ben Uri, brillant artisan évoqué dans l'Ancien Testament, qui aurait créé l'Arche sainte et le Tabernacle demandés par Dieu à Moïse.

Plus au sud se trouve également le centre d'études sur le Proche-Orient de la Birgham Young University, qui est en fait l'université des mormons américains.

MOUNT ZION

Au sud-est de la vieille ville, le mont Sion culmine à 765 m et compte des sites révérés par les religions juive, chrétienne et musulmane.

On y trouve le tombeau du roi David, un site sacré du judaïsme. Le mont abrite également le Cénacle, le lieu où Jésus aurait partagé son dernier repas avec ses disciples. Les croisés y ont érigé un sanctuaire. Juste à côté se trouve l'église de la Dormition, construite en 1906 sur le site présumé de la mort de la Vierge Marie. Sur la pente sud-orientale de la colline se trouve l'église de Saint-Pierre-Gallicantu (Saint-Peter in Gallicantu), qui rappelle les trois reniements de Pierre. Selon la tradition catholique, cette église, bâtie en 1931 au-dessus des ruines d'un édifice byzantin, abrite la prison où Jésus fut enfermé après son arrestation.

Enfin, dans le cimetière chrétien, vous pourrez voir la tombe d'Oscar Schindler (1908-1974), l'industriel autrichien qui sauva plus de 1 200 Juifs pendant la Shoah et à qui le réalisateur américain Steven Spielberg consacra son film, *La Liste de Schindler* (1982).

Jérusalem-Est

MUSEUM ON THE SEAM

Ce musée sociopolitique et d'art contemporain s'occupe de questions de conflits, de préjugés et de racisme qui s'inscrivent dans un contexte plus large que celui du Moyen-Orient. Situé sur l'ancienne Ligne verte qui divisait autrefois la ville (1948-1967), ce bâtiment était un avant-poste militaire stratégique de l'armée israélienne (l'avant-poste « Tourjeman »).

ROCKEFELLER ARCHAEOLOGICAL MUSEUM

A Jérusalem-Est, au nord-est de la vieille ville, ce musée, fondé en 1937 grâce à un don de la famille Rockefeller, a été un peu négligé pour le musée d'Israël, dont il dépend depuis 1967. Le musée Rockefeller possède cependant des collections impressionnantes allant de la préhistoire au XVIe siècle, en passant par les périodes cananéenne, romaine et byzantine. On y verra notamment des décorations et des objets provenant de l'église du Saint-Sépulcre, de la mosquée al-Aqsa et du palais du calife Hisham à Jéricho.

SAINT-GEORGES CATHEDRAL

Cette cathédrale est le siège du diocèse épiscopal anglican de Jérusalem. Elle fut consacrée en 1898 et abrite deux paroisses : l'une anglophone, l'autre arabophone. Les bâtiments abritent aussi une *guesthouse*.

Mur des Lamentations.

La nouvelle ville

■ BELZ GREAT SYNAGOGUE

La Grande Synagogue de Belz est la plus grande synagogue de Jérusalem. Comme la synagogue originale de Belz, la Grande synagogue a nécessité 15 ans pour être construite par la communauté juive hassidique originaire de cette région de Pologne. Son sanctuaire principal peut accueillir 6 000 fidèles. L'Arche Sainte en bois sculpté a une hauteur de 12 mètres et pèse 18 tonnes. Sa dimension lui permet de conserver plus de 100 rouleaux de la Torah. Les neuf chandeliers, de 6 mètres de haut sur 3,5 mètres de large sont composés chacun de plus de 200 000 pièces de cristal de Bohême.

■ BIBLE LANDS MUSEUM

Non loin du musée d'Israël, le musée des terres de la Bible est consacré aux civilisations de la Terre promise entre 6000 av. J.-C. et 600 apr. J.-C. A l'origine de ce musée, la collection que le Dr Elie Borowsky, un Juif d'origine polonaise, a rassemblée pendant plusieurs décennies : trois à quatre mille pièces provenant de tous les pays du Proche-Orient ancien, de l'Egypte à la Méditerranée orientale, de l'Anatolie à l'ouest de l'Afghanistan. Le samedi soir, un concert est donné avec à chaque fois un type de musique différent.

■ HEICHAL SHLOMO COMPLEX & WOLFSON MUSEUM OF JEWISH ART

Heichal Shlomo (« demeure de Salomon ») est le siège du Grand Rabbinat d'Israël. A côté se trouve la Grande Synagogue. Inaugurée en 1982, celle-ci peut accueillir 850 hommes et 550 femmes. Assister à la célébration du shabbat dans cette synagogue est une expérience à ne pas manquer. Le complexe Heichal Shlomo comprend aussi le musée Wolfson, un des trésors cachés de Jérusalem. Il abrite une collection de plus de 5 000 objets liés au culte juif : des menora (chandeliers à sept branches) anciens, des tasses *kiddush* (coupe pour le vin bu au début de *shabbat*), des contrats de mariage, des *mezzuzot* (objet contenant des bénédictions placé à l'entrée des maisons)... Vous y trouverez principalement des antiquités, mais également les créations d'artisans contemporains.

■ HERZL MUSEUM

Non loin de Yad Vashem, sur le mont qui porte le nom de Théodore Herzl, se trouve le musée qui rend hommage au père du sionisme à travers un parcours vivant sur quatre pièces présentant des épisodes de sa vie. Ici, on se retrouve d'abord en 1894, dans un café de Vienne, la ville natale de Herzl, puis à Paris, lors du procès Dreyfus, que le journal *Neue Freie Presse* l'avait envoyé couvrir. C'est d'ailleurs après ce séjour en France que Herzl, de retour à Vienne, écrira en 1896 *L'Etat juif*. Installez-vous ensuite dans une salle au milieu des congressistes juifs de l'époque assistant au premier Congrès sioniste de Bâle du 29 au 31 août 1897, présidé par Herzl, avant d'arriver dans la reconstitution du bureau et de la bibliothèque de sa maison viennoise. Le jardin voisin abrite la tombe de Théodore Herzl. C'est ici le cimetière où sont enterrées les grandes personnalités politiques du sionisme et de l'Etat hébreu, de droite comme de gauche : Vladimir Jabotinsky, David Wolffson et tous les Premiers ministres d'Israël : Levi Eshkol, Golda Meir, Menahem Begin, Yitzhak Rabin... Seul le premier d'entre eux est absent : David Ben Gourion a préféré être enterré dans « son » kibboutz de Sde Boker, dans le désert du Néguev.

■ HOLY TRINITY CHURCH

Entre Jaffa Road et HaNevi'im Street s'étend Russian Compound, une ancienne enclave russe dominée par le dôme vert de l'église orthodoxe de la Sainte-Trinité. En 1860, l'Eglise orthodoxe russe acheta ces terres et y fit construire une église et un complexe de bâtiments pour accueillir les pélérins slaves en Terre Sainte. A la fin de la Première Guerre mondiale l'Empire Ottoman expulsa les russes et pendant le mandat britannique tous les bâtiments furent convertis en bâtiments administratifs. Aujourd'hui, l'église appartient au Patriarcat russe alors que les bâtiments derrière abritent le poste de police centrale et un tribunal.

■ ISRAEL MUSEUM

Fondé en 1965 sous l'impulsion du maire de Jérusalem Teddy Kollek, le musée d'Israël est à ce jour le plus grand musée israélien au monde et la principale institution culturelle du pays. Il compte sous son aile le musée Rockefeller qui expose aussi des vestiges archéologiques et la Maison Anna Ticho qui se prête au jeu de jeunes artistes dans un site historique bordé d'un magnifique jardin. Près de 800 000 visiteurs affluent chaque année pour découvrir ses collections de 500 000 objets comprenant des pièces d'archéologie de la préhistoire à l'époque moderne, des vestiges bibliques, des manuscrits rares ainsi que de nombreuses sculptures antiques. Le musée possède également le plus grand nombre de vestiges archéologiques de la Bible et de la Terre sainte, dont les inestimables Manuscrits de la mer Morte.

© ATAMU RAHI - ICONOTEC

La Grande Synagogue.

Depuis 2010, le musée a intégré un nouveau campus de 80 000 m² avec de nouvelles galeries qui se fondent totalement dans l'architecture des lieux et côtoient deux œuvres monumentales installées dans le jardin : « Quand paraît l'arc-en-ciel », d'Olafur Eliasson et « Le monde à l'envers, Jérusalem » d'Anish Kapoor. Les trois ailes – Archéologie, Culture et art juifs, Beaux-Arts – ont totalement été repensées ; la nouvelle muséographie met davantage en valeur les collections du musée qui se sont enrichies de nouvelles acquisitions.

L'aile Samuel et Saidye Bronfman, consacrée à l'archéologie, suit l'ordre chronologique et est scindée en sept chapitres allant de la préhistoire à l'Empire ottoman. Un voyage dans le temps où l'on voit comment vivaient les peuples qui se sont succédé sur cette terre, les événements historiques et les principales composantes culturelles. Deux parties retiennent particulièrement l'attention : celle consacrée à l'écriture israélite et la galerie qui réunit les pièces appartenant aux cultures qui ont influencé la terre d'Israël, de l'Italie jusqu'au monde islamique.

L'aile Jack, Joseph et Morton Mandel présente les Cultures et Arts juifs du Moyen Age à nos jours.

L'aile Edmond et Lily Safra expose les œuvres des Beaux-Arts issues de collections du monde entier.

Le Sanctuaire du Livre reste le symbole du musée. Réalisé par les architectes Frédérick Kiesler et Armand Bartos, cet étrange dôme blanc évoque le couvercle des jarres qui renfermaient les manuscrits de la mer Morte. Il chapote aujourd'hui la majeure partie des manuscrits trouvés sur le site essénien de Qumrân : textes de l'Ancien Testament, fragments de manuscrits esséniens…

La Maquette de Jérusalem rend compte de la ville à l'époque du second Temple. Elle fut autant réalisée à partir de sources littéraires anciennes que des informations livrées par les fouilles menées à Jérusalem.

Quartier palestinien, porte de Damas à Jérusalem.

La Youth Wing accueille le programme éducatif mené par le musée pour éveiller les enfants au monde et aux enjeux de l'art. L'équipe d'éducateurs propose des activités familiales, des ateliers (uniquement en hébreu) et des expositions.

Le jardin de sculptures Billy Rose a été conçu par l'architecte japonais Isamu Noguchi selon les préceptes du jardin Zen. Au gré de la promenade, on salue les œuvres de Rodin, de Bourdelle, de Maillol, de Picasso, de Lipchitz, de David Smith, de Moore et un superbe mobile de Calder.

MAHANE YEHUDA MARKET

Ne manquez pas le marché aux fruits et légumes de Mahane Yehuda. Les étalages sont serrés les uns contre les autres sur deux grandes allées. L'activité y est encore plus fébrile le vendredi, dans les heures qui précédent Shabbat. De nombreux petits cafés et restaurants permettent de faire une pause déjeuner agréable.

MUSEUM OF ISLAMIC ART

Ce musée vous propose de découvrir mille ans d'art islamique, à travers une riche collection d'objets venant du Moyen-Orient, d'Espagne, d'Inde... Parmi la variété des pièces exposées, vous trouverez des jeux d'échecs, d'anciennes cartes à jouer, des sabres et autres armes, des tissus, des bijoux, des poteries, des objets de culte... Egalement des expositions temporaires de qualité.

THE KNESSET

Le nom de Knesset a été emprunté à la Bible : c'était déjà celui de l'organe législatif d'Israël durant la période du second Temple. Le bâtiment actuel a été édifié en 1966 dans un style très dépouillé et inspiré en partie du Parthénon. A l'intérieur, le hall est décoré de tapisseries et d'une mosaïque de Chagall. A côté de l'arrêt de bus en face de la Knesset, se trouve une *menora* en bronze décorée des personnages et des événements principaux de l'histoire juive.

WOLFSON MUSEUM OF JEWISH ART

Ce musée, situé dans l'enceinte du complexe Heichal Shlomo, est un des trésors cachés de Jérusalem. Il abrite une collection de plus de 5 000 objets liés au culte juif : des *menora* (chandeliers à sept branches) anciens, des tasses *kiddush* (coupe pour le vin bu au début de *shabbat*), des contrats de mariage, des *mezzuzot* (objet contenant des bénédictions placé à l'entrée des maisons)... Vous y trouverez principalement des antiquités, mais également les créations d'artisans contemporains.

YAD VASHEM

L'un des lieux les plus symboliques de l'Etat d'Israël, un musée-mémorial en souvenir des 6 millions de victimes de l'Holocauste et des Justes qui cherchèrent à les sauver. L'ensemble comprend un centre d'accueil des visiteurs, un musée et une dizaine de mémoriaux parsemés sur environ 18 ha. Incontournable ! En hébreu, Yad Vashem signifie « un mémorial et un nom ». L'expression est empruntée au prophète Isaïe (56, 5) : « Et je leur donnerai, dans ma maison et dans mes murs, un mémorial (Yad) et un nom (Shem) qui ne seront pas effacés. »

Le musée de l'Holocauste du Mémorial Yad Vashem a été inauguré en 2005. Projeté par l'architecte Moshe Safdie, le bâtiment est en forme de prisme et évoque la moitié inférieure de l'étoile de David, pour rappeler que la moitié de la population juive mondiale a péri au cours de la Shoah. Quatre fois plus grand que l'ancien musée ouvert en 1973, il rassemble sur 4 200 m² des centaines de documents, papiers officiels, affiches de propagande, photographies, films, qui retracent l'histoire de l'antisémitisme en Europe depuis les premières discriminations jusqu'aux camps. La Shoah y est abordée à la fois de façon didactique et d'autre part d'une manière plus individuelle avec des témoignages, des objets personnels, pour tenter de donner un visage à l'horreur. Le musée intègre les techniques les plus modernes de l'audiovisuel et de l'informatique, afin que la parole et le nom des victimes ne s'effacent pas, lorsqu'auront disparu les derniers rescapés. La visite se termine par le Hall des Noms, puis vous mène sur une terrasse avec une vue panoramique sur Jérusalem.

Le musée d'Art présente des collections permanentes d'œuvres réalisées dans les camps d'extermination, ainsi que des expositions temporaires. On remarquera notamment les dessins de David Olère, un déporté que son talent sauva de l'extermination : les nazis lui passèrent commande de portraits ou de calligraphies florales pour leurs femmes. Il travailla au Sonderkommando du crématorium 3, à Auschwitz. Après la guerre, il réalisa de nombreux dessins au lavis, à l'encre et au crayon, qui sont autant de témoignages poignants de ce qu'il a vécu au quotidien.

Dans les jardins de Yad Vashem, parmi les sculptures évoquant le martyre du peuple juif, vous verrez un candélabre allumé le 27 Nissan de chaque année, lors du Jour du Souvenir de la Shoah. Entrez également dans la grotte à la mémoire du million et demi d'enfants morts dans les camps. C'est un monument qu'on parcourt dans le noir, guidé par une rampe. Les noms des enfants sont égrenés en permanence par une voix monocorde. Vous pourrez également arpenter l'allée des Justes parmi les nations : des non-Juifs qui, au péril de leur propre vie, ont sauvé des Juifs. Pour chaque Juste a été planté un caroubier. Certains sont des anonymes (français notamment) que Yad Vashem a pu retrouver grâce aux souvenirs des personnes qu'ils ont sauvées, d'autres sont plus connus, comme Oscar Schindler, cet ancien industriel nazi auquel Hollywood a consacré un film.

Les archives de Yad Vashem détiennent plus de cinquante millions de documents ouverts au public, dont des photographies et des films. La bibliothèque contient plus de 70 000 ouvrages, dont les actes des procès des criminels nazis. Pour faire des recherches sur une personne déportée, il faut s'adresser à l'International Tracing Service, en Allemagne.

Sur le site du musée, vous verrez aussi la « vallée des communautés », où ont été disposés des rochers gravés des noms des 5 000 communautés juives d'Europe détruites par les nazis.

La mer Morte

Située entre Israël, la Jordanie et les Territoires palestiniens, la mer Morte est sans aucun doute l'un des endroits les plus curieux de la planète. A près de 400 m en dessous du niveau de la mer (la vraie !), la surface de la mer Morte constitue le point le plus bas de la planète. C'est une mer intérieure, ou un gigantesque lac salé, qui s'étend sur 65 km de long, et jamais plus de 18 km de large. La mer Morte est principalement alimentée par le Jourdain. Pendant la saison des pluies, les multiples oueds (cours d'eau à régime très irrégulier), qui se jettent des pentes qui la bordent à l'est et à l'ouest, contribuent aussi à compenser l'intense évaporation des mois les plus chauds. C'est surtout sa salinité exceptionnelle qui fait la renommée de la mer Morte. Elle contient six fois plus de sel que l'océan. Nul être vivant ne peut subsister dans de telles conditions : ni poissons ni algues… C'est ce qui lui a valu d'avoir été appelée « mer Morte » par les Grecs. Malgré cela, la mer Morte ne l'est pas complètement : on y a découvert de rares micro-organismes adaptés à la salinité.

C'est la baisse de la pluviométrie, amorcée il y a 40 000 ans environ, qui a entraîné une très forte évaporation de l'eau et, en conséquence, une régression du lac et une augmentation constante de sa salinité. La mer Morte est aujourd'hui composée de deux bassins distincts. Le bassin sud est trois fois plus petit que le bassin nord, et ne dépasse pas 10 m de fond. Il est particulièrement salé, avec des concrétions de sel sur ses bords, et se compose en partie de marais salants exploités. Les deux bassins sont séparés par une langue de sable plus large du côté jordanien ; du côté israélien, un canal a été aménagé pour que les deux bassins communiquent, et que l'eau, plus abondante au nord, continue d'alimenter le bassin sud. Car le niveau de l'eau de la mer Morte diminue, en particulier dans le bassin sud, en raison des prélèvements effectués sur le Jourdain par les Israéliens. Du coup, un projet d'un canal de la Méditerranée pour remplir la mer Morte a été sérieusement envisagé : l'idée n'est pas particulièrement écologique mais elle rappelle la vision du prophète Ezéchiel d'une rivière qui partirait de Jérusalem pour adoucir l'eau de la mer Morte…

Quant au flottement lorsqu'on se baigne dans la mer Morte, il est bien réel, et c'est une expérience à ne pas manquer. Des tests chimiques ont aussi révélé que la mer Morte comportait des concentrations très fortes en sels minéraux, ce qui procure à ses eaux et la boue de ses rives des propriétés exploitées par les centres de balnéothérapie qui la bordent. Ne manquez pas non plus les deux grands sites historiques de Qumrân et Massada, et la réserve naturelle d'Ein Gedi, l'une des plus belles du pays.

Concrétions de sel de la mer Morte.

Qumrân

Le site archéologique de Qumrân, devenu le Qumrân National Park, se trouve à la pointe nord-ouest de la mer Morte, et jouxte le kibbutz Kalia. C'est ici que furent découverts, en 1947, les fameux manuscrits de la mer Morte, aujourd'hui exposés au musée d'Israël, à Jérusalem.

Histoire de la ville

Qumrân était déjà habitée au VIIIe siècle av. J.-C., par des Israélites. Mais c'est à des occupants plus tardifs que le site doit sa notoriété : une communauté essénienne qui s'installa sur les bords de la mer Morte au IIe siècle av. J.-C. Entre 150 et 200 esséniens auraient vécu à Qumrân, qui s'appelait alors Sokoka. Au Ier siècle av. J.-C., Qumrân fut abandonnée durant plusieurs dizaines d'années, peut-être à cause de persécutions qui obligèrent la communauté à s'exiler à Damas. Au début de l'ère chrétienne, le monastère fut reconstruit et habité jusqu'à la première grande révolte contre les Romains : en l'an 68, les troupes de Titus prirent Qumrân.

Les manuscrits de la mer Morte

Un an avant la première guerre israélo-arabe, un Bédouin pénétra dans une grotte et y découvrit des jarres contenant des rouleaux de cuir étonnamment bien conservés. Selon la légende, il était venu là sur les traces d'une chèvre égarée ; en réalité, il cherchait sûrement une cachette pour mettre à l'abri des marchandises de contrebande. Toujours est-il qu'il trouva les premiers des désormais célèbres « manuscrits de la mer Morte », sans se rendre compte de l'importance de sa découverte. Les premières fouilles du site furent entreprises à partir de 1951. Cinq ans plus tard, en 1956, l'équipe de l'Ecole biblique et archéologique française de Jérusalem, dirigée par le père Roland de Vaux, avait mis au jour les ruines du monastère essénien et surtout découvert, dans onze grottes différentes, environ 800 manuscrits, pour la plupart sur parchemin, principalement en hébreu ancien et en araméen mais aussi en grec. Seuls une dizaine de rouleaux étaient à peu près intacts : il suffisait de les dérouler avec soin. Pour tous les autres, il fallait reconstituer un puzzle avec des dizaines de milliers de fragments. Il y a quinze ans, 75 % des manuscrits étaient encore inconnus : des divergences entre les chercheurs, les a priori religieux de certains, mais aussi les réticences de l'Eglise catholique, qui eut jusqu'en 1990 un quasi-monopole sur le déchiffrage et la traduction des manuscrits, ont manifestement freiné les recherches. Les manuscrits révélaient en effet de nombreux points communs entre la doctrine du Christ et celle, antérieure de cent ans, des esséniens (entre autres l'amour du prochain et la non-violence). Le Vatican craignait ainsi que leur publication ne porte atteinte à l'originalité de la parole chrétienne. La fin du monopole a permis de relancer les recherches. En 1991, une édition pirate de la majorité des photographies des manuscrits était publiée aux Etats-Unis. Peu après, les autorités israéliennes décidèrent de donner libre accès à tous les manuscrits. D'où, en 1993, l'édition en microfiches de la totalité des photographies, mise en CD-Rom en 1997. Depuis 1994, plus de textes déchiffrés ont été publiés que durant les quarante années précédentes, et des traductions plus ou moins exhaustives des manuscrits sont désormais disponibles. Mais le difficile travail d'examen et de déchiffrage de ces rouleaux se poursuit encore aujourd'hui.

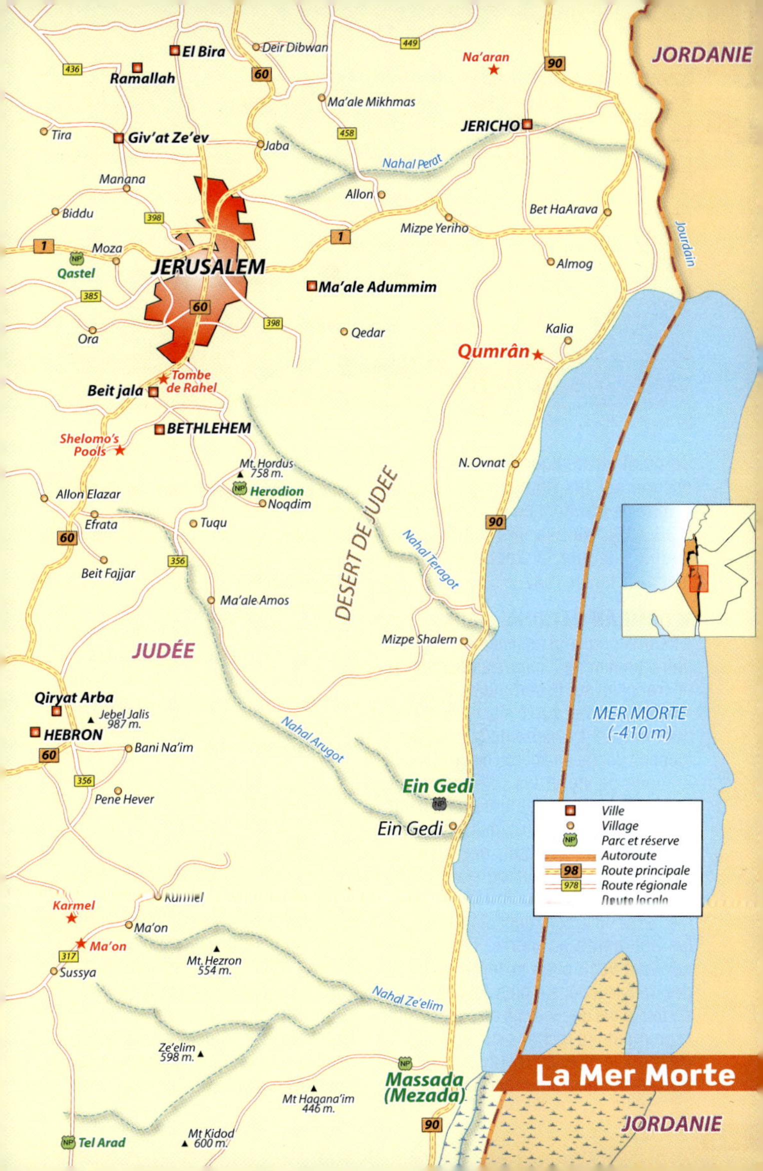

La Mer Morte
JORDANIE
El Bira
Ramallah
Deir Dibwan
Na'aran
Ma'ale Mikhmas
JERICHO
Tira
Giv'at Ze'ev
Jaba
Nahal Perat
Manana
Allon
Biddu
Bet HaArava
Mizpe Yeriho
Moza
Qastel
JERUSALEM
Almog
Jourdain
Ma'ale Adummim
Ora
Qedar
Kalia
Qumrân
Tombe de Rahel
Beit jala
BETHLEHEM
Shelomo's Pools
Mt. Hordus 758 m.
Herodion
Noqdim
N. Ovnat
Allon Elazar
Efrata
Tuqu
DESERT DE JUDEE
Nahal Teragot
Beit Fajjar
Ma'ale Amos
Mizpe Shalem
JUDÉE
Qiryat Arba
Jebel Jalis 987 m.
HEBRON
Bani Na'im
MER MORTE (-410 m)
Nahal Arugot
Pene Hever
Ein Gedi
Ein Gedi
Ville
Village
Parc et réserve
Autoroute
Route principale
Route régionale
Karmel
Ma'on
Ma'on
Mt. Hezron 554 m.
Sussya
Nahal Ze'elim
Ze'elim 598 m.
Massada (Mezada)
Mt Haqana'im 446 m.
Mt Kidod 600 m.
Tel Arad
JORDANIE

Un touriste flotte à l'horizontale dans la mer morte.

Ce point stratégique fut de nouveau occupé par les Romains pendant la révolte de Bar Kochba contre Hadrien (132-135), puis le site tomba dans l'oubli, jusqu'à la découverte des manuscrits, en 1947.

■ QUMRÂN NATIONAL PARK

A l'entrée, on peut assister à la projection d'un film de 7 minutes (disponible en français) sur la communauté essénienne qui vivait sur le site et visiter un petit musée. La visite du site proprement dit donne un aperçu de ce qu'était le mode de vie et les croyances des Esséniens. Le monastère comportait un réfectoire, un moulin, des entrepôts, des salles de réunion, des ateliers de poterie, une tour de guet et un cimetière. Seuls quelques-uns des membres de la communauté habitaient les bâtiments en pierre. Les autres auraient vécu sous la tente ou dans des constructions moins solides, mais surtout dans des grottes creusées dans le promontoire rocheux sur lequel était construit le monastère. Un aqueduc de 800 m de long amenait directement l'eau de l'oued en amont jusqu'aux piscines, qui servaient aux immersions rituelles, ainsi qu'aux citernes.
Une salle du monastère, où ont été trouvés des écritoires et des encriers, était consacrée à l'écriture ; il semble que ce soient les scribes de Qumrân qui aient écrit une bonne partie des manuscrits découverts dans les environs. En cas de danger, les manuscrits étaient cachés dans des grottes : c'est sans doute ce que firent les Esséniens lors de la révolte de 66-70, avant de fuir et d'être massacrés par les Romains. Depuis les ruines, on pourra voir les grottes creusées dans les parois blanches du promontoire marneux qui domine l'oued. Certaines étaient habitées, et l'une d'elles, la grotte n° 4, est celle qui a livré le plus grand nombre de rouleaux. D'autres grottes, non habitées mais où l'on avait dissimulé des manuscrits, se trouvent plus haut, dans les falaises de grès qui constituent les contreforts du désert de Judée. Il n'y a cependant pas moyen de les visiter.

Ein Gedi

L'oasis d'Ein Gedi (Ein signifie « source » en hébreu) surplombe le littoral occidental de la mer Morte. La présence humaine à Ein Gedi remonte au moins à 5000 av. J.-C., ainsi que l'attestent les ruines du petit temple chalcolithique au-dessus de la source qui a donné son nom au site. Le nom d'Ein Gedi revient souvent dans la Bible : c'est là notamment que se serait réfugié David, poursuivi par le roi Saül. C'est également dans une grotte d'Ein Gedi que s'est réfugié Simon Bar Kochba, le chef de la révolte contre les Romains en 132 de notre ère. Les premiers établissements humains permanents remontent au VIIe siècle av. J.-C. La présence juive à cet endroit dura jusqu'au VIe siècle. Le site fut ensuite abandonné jusqu'à ce que des militaires juifs le réoccupent après la guerre d'Indépendance, puis qu'un kibboutz y soit fondé en 1956. Aujourd'hui, Ein Gedi est un site touristique important, qui jouit d'un climat chaud toute l'année et qui mise à la fois sur les cures thermales au bord de la mer Morte et sur les possibilités de balades dans le désert ou au cœur de la végétation luxuriante qui entoure les ruisseaux et cascades de la réserve naturelle. Avec un peu de chance, vous découvrirez aussi, au détour d'un rocher, des bouquetins et d'autres animaux venus s'abreuver.

Judée et mer Morte.

■ EIN GEDI NATURE RESERVE & NATIONAL PARK

La réserve naturelle d'Ein Geid a été créée en 1972. Véritable oasis au cœur du désert, elle est toute l'année parcourue par deux cours d'eau : le David Stream et l'Arugot Stream.Des deux entrées existantes, celle de David Stream, située juste derrière le parking, près de l'auberge de jeunesse est la plus utilisée. La deuxième, celle de Arugot Stream, se trouve à 4 km à l'intérieur des terres. On la rejoint à partir de l'embranchement situé près du parking principal.A l'intérieur de la réserve, les visiteurs peuvent suivre les cours d'eau et se baigner dans les piscines naturelles près de magnifiques chutes. Il est également possible d'observer des animaux, dont des bouquetins, nombreux dans la réserve. Parmi les randonnées proposées, les trois principales sont The lower David Stream (facile), The Upper David Trail (moyen) et The Tsafit trail (moyen). Trois autres parcours sont réservés aux marcheurs les plus expérimentés : The Field School-Mount Yishai, The Tel Goren-En Gedi Spring, The En Gedi-desert plateau, via Tsruya Ascent.

Site archéologique

Le site archéologique est accessible à pied ou en voiture en suivant une route qui part du parking devant l'entrée principale de la réserve.Durant les périodes romaine et byzantine (du IIe au VIe siècle), l'oasis d'Ein Gedi abritait un important village juif. Celui-ci devait sa prospérité au commerce d'onguents et de parfums fabriqués à partir de plantes tropicales cultivées sur les lieux. Les fouilles ont révélé des vestiges d'habitat, des boutiques longeant les rues, des terrasses de pierre destinées à la culture sur les flancs de la colline et un système d'irrigation, comprenant des bassins de collecte et un réseau de canaux. Sur le site, on trouve notamment les restes d'une ancienne synagogue, avec un sol en mosaïque (VIe siècle) très bien conservé. De dimensions modestes et de forme trapézoïdale, sa construction fut entamée au début du IIIe siècle. Elle subit par la suite plusieurs transformations aux IVe et Ve siècles. Elle fut totalement incendiée, probablement sous le règne de l'empereur Justinien (deuxième moitié du VIe siècle), période de persécutions contre les juifs de l'empire.

Massada

A une vingtaine de kilomètres au sud d'Ein Gedi, Massada est une montagne isolée qui se détache de la falaise du désert de Judée, au bord de la mer Morte. Au cœur d'un paysage grandiose, ce site est un incontournable d'un voyage en Israël. Le meilleur moment pour le visiter est le lever du soleil, lorsque le désert offre un spectacle d'or et de lumière inoubliable. Théâtre d'événements tragiques au début de notre ère, la forteresse de Massada symbolise aussi la résistance d'Israël face aux envahisseurs de tous les temps. Elle est encore mentionnée aujourd'hui lorsqu'il s'agit d'évoquer l'héroïsme et l'esprit de sacrifice poussé jusqu'à la mort.

Histoire du site

La seule source écrite concernant Massada est l'ouvrage de l'historien Flavius Josèphe, *La Guerre des Juifs*. Cette montagne est « *fortifiée par le Ciel et l'homme contre tout ennemi qui voudrait la combattre* », écrivait-il au Ier siècle de notre ère. A l'est, les falaises à pic surplombant la mer Morte sont hautes d'environ 450 m. A l'ouest, elles dominent d'une centaine de mètres le terrain environnant. La topographie rend des plus difficiles l'accès au sommet de l'escarpement.

Hôtels au bord de la mer Morte.

Sur ce sommet se trouve un plateau, long de 650 m et large de 300 m, sur lequel une forteresse fut construite au temps de la dynastie asmonéenne (certainement entre 142 et 76 av. J.-C.). Cependant, les ruines que vous pouvez y voir aujourd'hui datent de la période suivante : ce sont les vestiges d'un ouvrage défensif construit par Hérode le Grand, roi de Judée qui régna de 37 à 4 av. J.-C.. Selon Flavius Josèphe, le roi, soutenu par Rome, y voyait un refuge contre les Juifs qui menaçaient déjà de se révolter et contre les ambitions, en Palestine, de la reine d'Egypte Cléopâtre.
Un rempart équipé de nombreuses tours, d'une longueur de 1 400 m et d'une épaisseur de 4 m, verrouillait le sommet du plateau. La forteresse comprenait des entrepôts, des citernes qui étaient alimentées par l'eau de pluie, des casernes, des palais et une armurerie. Trois chemins, étroits et sinueux, s'élevaient le long de la falaise jusqu'aux portes fortifiées. Après la mort d'Hérode, la forteresse continua d'être occupée par une garnison romaine. Celle-ci fut vaincue en l'an 66 de notre ère par un groupe de zélotes, lors de la grande révolte juive contre les Romains. Les zélotes étaient des Juifs pieux, qui souhaitaient rendre au peuple juif sa liberté : pour cela, plutôt que de se retirer dans le désert comme les esséniens, ils décidèrent de combattre l'occupant romain, cet idolâtre qui prétendait faire de son empereur un dieu. Les zélotes qui prirent Massada en 66 étaient des sicaires, membres d'une secte extrémiste et marginale, qui devaient leur nom à leur dague, la *sica*. Après la chute de Jérusalem et la destruction du Temple par Titus (en l'an 70 de l'ère chrétienne), ils y furent rejoints par d'autres zélotes et leurs familles, fuyant Jérusalem, ainsi que des esséniens. Au cours des années qui suivirent, ils utilisèrent Massada comme base pour harceler les campements romains.
Toutefois, entre-temps, les Romains venaient peu à peu à bout de la révolte. En 72, deux ans après l'incendie du Temple, entre 10 000 et 15 000 soldats romains firent le siège de Massada, où subsistait un millier de résistants, hommes, femmes et enfants. Au bout de sept mois de siège, les Romains atteignirent le sommet, après avoir construit une rampe d'assaut sur le flanc occidental (un exploit technique pour l'époque). Mais, en arrivant sur le plateau, ils découvrirent que les assiégés, plutôt que de se rendre, avaient tous choisi de se donner la mort. Le récit de ce suicide collectif aurait été rapporté à Flavius Josèphe par deux femmes qui avaient échappé à la mort en se cachant dans une citerne avec leurs cinq enfants.

Massada aujourd'hui

En Israël, Massada est devenu un mythe, le symbole de l'héroïsme et de la résistance juive. Il y a encore une dizaine d'années, les unités d'élite de Tsahal (les tankistes) avaient l'habitude d'y prêter serment : « *Plus jamais Massada ne tombera* », disaient-ils. Mais le mythe est de plus en plus contesté : en effet, les sicaires, cette secte encline au suicide collectif, auraient, d'après Flavius Josèphe, vécu du pillage des communautés juives environnantes et massacré ainsi 700 femmes et enfants à Ein Gedi. Un détail qui est rarement signalé dans l'histoire nationale officielle, pas plus que dans la majeure partie des guides touristiques.

■ MASADA FORTRESS

Les ruines de la forteresse de Massada ont été classées au patrimoine mondial de l'Humanité par l'Unesco en 2001. On y vient pour retrouver l'Histoire et admirer le lever de soleil.

L'ascension peut se faire à pied par le « sentier du serpent » (*Snake Path*) qui, comme son nom l'indique, serpente à flanc de falaise. Le sentier est ouvert 1 heure avant le lever du soleil (renseignez-vous par téléphone pour connaître l'heure exacte) et la montée dure environ 1 heure. Mieux vaut éviter les heures les plus chaudes de la journée, surtout en été, le mieux étant d'arriver en haut pour assister au lever du soleil. Tous ces efforts en valent la peine, car, une fois arrivé en haut, vous aurez une vue somptueuse. Les moins courageux pourront emprunter un téléphérique, mais celui-ci ne fonctionne qu'à partir de 8h. Et vous pourrez toujours emprunter le Snake Path pour redescendre (comptez une demi-heure). Il existe aussi un autre sentier, plus court (15 minutes seulement), mais de l'autre côté de la montagne, sur le versant occidental, le long de la rampe d'assaut romaine. Celle-ci ouvre 45 minutes avant le lever du soleil. Cependant, le versant ouest n'est accessible que par la route n° 3199 au départ d'Arad (compter une demi-heure en voiture depuis Arad). Cette route, qui constitue une impasse, permet cependant de découvrir les paysages austères du désert de Judée, étendues caillouteuses encore habitées par des Bédouins et leurs troupeaux de moutons et de dromadaires.

Une fois au sommet, vous pourrez déambuler sur les ruines à votre aise. Celles-ci comportent des explications détaillées en anglais, et vous y verrez, entre autres, les restes du palais d'Hérode, d'anciens bains, ainsi que des citernes destinées à approvisionner les habitants en eau en cas de siège. A noter qu'un spectacle son et lumière est organisé sur le versant occidental dans un théâtre en plein air, le mardi et le jeudi de mars à octobre en soirée. Des écouteurs en français sont disponibles.

Mount Sodom

Au sud-ouest de la mer Morte, la route n° 90 traverse un labyrinthe de sable blanc. Une petite route en déclivité conduit au sommet du mont Sodom et le site prétendu des mythiques Sodome et Gomorrhe. Selon la Bible, les deux villes auraient été détruites par Dieu sous un déluge de feu et de soufre pour punir leurs habitants dépravés (Genèse 18-26). Prévenu de son intention, Abraham supplia Dieu de ne rien faire, pensant qu'il restait au moins quelques justes dans ces deux villes, dont les habitants se distinguaient par leur grande immoralité. Seuls Loth, sa femme et ses enfants

Paysage de la mer Morte.

furent avertis des intentions divines de destruction. Ils s'enfuirent de la ville en ayant pour ordre de ne pas se retourner. La femme de Loth ne put s'en empêcher et fut immédiatement changée en statue de sel.

Sur place, on ne trouve aucune trace des villes détruites mais on bénéficie d'une vue exceptionnelle sur la mer Morte. Sur le rivage, s'étendent des bassins d'évaporation et des bâtiments industriels qui exploitent les minéraux contenus dans l'eau de la mer.

Plus au sud, la route n° 90 passe à côté des usines qui extraient les minéraux de la mer Morte, dont la potasse, utilisée comme engrais. Elle pénètre ensuite dans la vallée de l'Arava : désert de sable jaune, planté d'oasis de palmiers ou d'acacias qui rappellent la savane africaine.

Le mont Sodom est situé au sud-ouest de la mer Morte et fait partie du Judean Nature Reserve. Cette chaine montagneuse constituée de roche de sel (halite) s'étend sur environ 8 km de long et 5 km de large, à 226 m au-dessus de la mer Morte mais à une altitude de 170 au-dessous du niveau de la mer, tel qu'on l'entend habituellement. Comptez 5 km sur une route de terre très pentue à partir de la route n°90 pour atteindre le Mount Sedom lookout. Du bord surplombant la mer Morte on bénéficie d'un point de vue sans pareil. Pour le reste, s'il n'y a aucune trace des villes bibliques de Sodom et Gomorrhe, on trouve une belle colonne présentée comme la « femme de Loth », ainsi que des grottes de sel. Ces dernières ne peuvent se visiter qu'avec un guide. Près de la colonne de sel, un sentier d'environ 3 km conduit vers l'intérieur des terres. Il mène dans une gorge étroite, Nahal Perazim, creusée dans la roche calcaire, avant d'atteindre la « grotte de la farine ». Celle-ci peut être explorée seule (pensez à vous munir d'une lampe torche). Au bout de quelques minutes, vous atteindrez l'autre extrémité, d'où vous pourrez quitter la gorge. Attention : ne vous aventurez pas dans la gorge en période de pluie ; le risque d'inondation subite est réel.

Le Sud

Pour découvrir le sud d'Israël, deux itinéraires sont les plus souvent empruntés. Le premier traverse le Néguev du Centre avec comme principales étapes les villes de Beersheva, Sde Boker, Mitzpe Ramon (axe principal : route n°40). Le second suit la vallée de l'Arava, à partir de Ein Hatseva Junction au sud de la mer Morte, via plusieurs kibbutzim et moshavim (axe principal : route n°90).

Arad

La route n° 31 relie le sud de la mer Morte au nord de Beersheva, via Arad. Elle traverse une vallée qui marque une limite discrète entre le désert de Judée au nord et le désert du Néguev au sud. Arad est une ville nouvelle où il n'y a pas grand-chose à faire ou à voir, mais qui a cependant un peu plus de charme que Beersheva ou Dimona. C'est dans cette ville que le célèbre écrivain israélien Amos Oz a élu domicile. Au nord-est d'Arad, la route n°3199 permet de rejoindre le versant ouest de Massada, où se déroule le spectacle son et lumière.

Paysage typique.

■ ARAD'S ARTISTS' QUARTER

Dans une partie de la zone industrielle, une vingtaine d'artistes se sont installés dans les hangars et garages laissés vacants. Ils y ont créé des ateliers, des studios et des boutiques, dont un musée (musée du verre) qui présente les œuvres de Gideon Fridman.

■ TEL ARAD NATIONAL PARK

On peut y voir les ruines d'une importante cité cananéenne détruite vers 2700 av. J.-C., ainsi que d'une forteresse israélite plus tardive (Xe siècle av. J.-C.), destinée à défendre le royaume de Juda d'incursions venant du sud.

Beersheva

Avec 206 000 habitants, Beersheva est la plus importante ville du Néguev et la quatrième du pays. Celle que l'on considère comme la porte du désert abrite l'Université Ben Gourion du Néguev, qui accueille plus de 17 000 étudiants. Parmi ses habitants, les nouveaux immigrants (dont beaucoup de Russes et d'Ethiopiens) y ont aujourd'hui

© CÉLINE MAGNIN

Cabane dans le désert.

supplanté les Bédouins. Dans cette ville de béton surgie du désert dans les années 1960 et en chantier permanent, les « réussites » architecturales ont mal vieilli. S'il est difficile de trouver le moindre charme à la ville, cette dernière bénéficie néanmoins d'une forte animation estudiantine en soirée et, surtout, de la présence de l'important site archéologique de Tel Beersheva, situé à quelques kilomètres seulement.

Histoire

Les vestiges mis au jour à Tel Beersheva attestent d'une présence humaine sur le site dès le IVe millénaire av J.-C. La ville est également mentionnée à deux reprises dans le Livre de la Genèse, sous le nom de Bersabée, ainsi que dans le Livre de Josué. Cependant, jusqu'à la fin du XIXe siècle, Beersheva n'était guère plus qu'une oasis, avec une poignée de Bédouins vivant autour. Les Ottomans y implantèrent alors un poste de police et construisent une gare et une ligne ferroviaire vers Ashkelon et Gaza. Pendant la Première Guerre mondiale, le 31 octobre 1917, les Australiens de la « Light Horse Brigade » lancèrent la charge sur les tranchées ottomanes et prirent possession de Beersheva. Cet événement est souvent décrit comme la dernière charge de cavalerie victorieuse de l'histoire. Beersheva devient ensuite un centre administratif majeur au cours du mandat britannique en Palestine. A la fin de celui-ci, en 1948, la ville est prise par l'armée israélienne et devient la capitale du Néguev. Il fallut toutefois attendre les années 1960 et l'afflux de nouveaux immigrants juifs pour que la ville commence à se développer réellement.

MER MÉDITERRANÉE
Mer morte
JUDÉE
GAZA
Ashqelon
Nir Yisra'el
Negba
Gal'on
Bet Nir
Newe Mikha'el
Bet Guvrin
Betar Illit
Bethléem
Kefar Ezyon
Teqoa
Teqoa
Efrat
Karme Zur
Quman
Qalya
Déset de judée
Talme Yafe
Qiryat Gat
Yad Mordekhay
Sede Dawid
Qiryat Arba
Mizpe Shalem
Sederot
Hebron
Ruhama
Dorot
Bet Qama
Zimrat
Nahal Oz
Talme Bilu
Netivot
Rahat
Yatta
Karmel
Ma'on
Sussya
Mezadot Yehuda
Dhahiriya
Lahav
Ruines de Rimmon
Evahim
Keramim
Metar
Shani
Re'im
Tifrah
Pattish
Ofaqim
Urim
Omer
Hura
Arad
Kuseifa
En' Gedi
Massada
Nir Yizhaq
Sede Nizzan
Kerem Shalom
Gvulot
Be'er Sheva
Vallée de Be'er Shava
Vallée d'Arad
Arara Banegev
Dimona
Ak Karak
As Safi
Al Arish
Désert d'Haluza
Retamim
Revivim
Mashabbe Sade
Yeroham
Mamshit
Hamakhtesh Hagadol
Hamakhtesh Haqatan
Désert d'Agur
Ashalim
Telalim
Désert de Shunra
Bi'r Lahfan
Sede Boqer
Nizzana
Tombe de Ben Gourion
Avdat
Abu Ujaylah
Désert de Zin
Désert du neguev
Ayn al Qusaimah
35
38
9
34
35
90
232
40
60
25
232
241
80
25
31
234
25
222
40
224
204
211
227
40

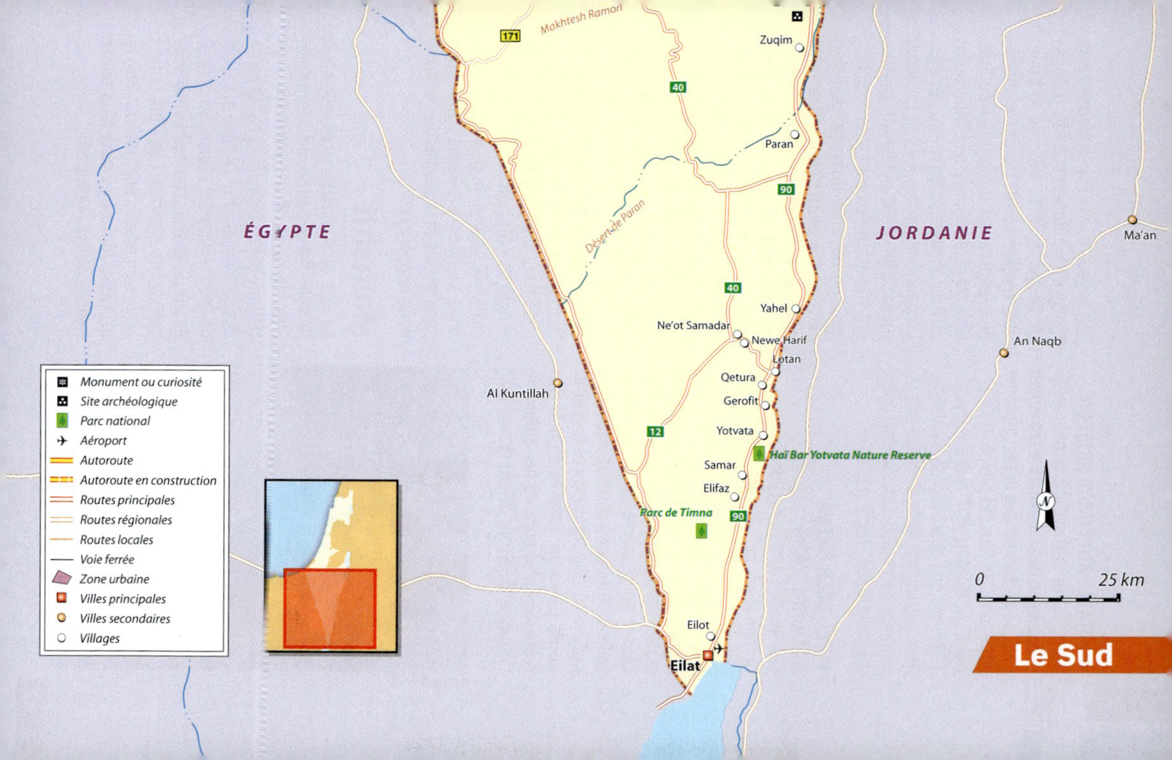
Le Sud
ÉGYPTE
JORDANIE
Makhtesh Ramon
171
40
90
12
Désert de Paran
Zuqim
Paran
Yahel
Ne'ot Samadar
Newe Harif
Lotan
Qetura
Gerofit
Yotvata
Haï Bar Yotvata Nature Reserve
Samar
Elifaz
Parc de Timna
Eilot
Eilat
Al Kuntillah
An Naqb
Ma'an
0
25 km
Monument ou curiosité
Site archéologique
Parc national
Aéroport
Autoroute
Autoroute en construction
Routes principales
Routes régionales
Routes locales
Voie ferrée
Zone urbaine
Villes principales
Villes secondaires
Villages

■ **ISRAELI AIR FORCE MUSEUM**

Sans doute l'attraction la plus intéressante de Beersheva. Une collection de plus de 140 avions et hélicoptères israéliens. Un film est projeté à l'intérieur du Boeing 707 qui a servi en 1976 lors de l'opération de sauvetage des otages israéliens détenus par un commando palestinien sur l'aéroport d'Entebbe, en Ouganda.

■ **TEL BEER SHEVA NATIONAL PARK**

Les fouilles attestent d'une présence humaine sur ce site dès le IVe millénaire av. J.-C. Mais le point fort de ce site archéologique, classé au patrimoine mondial de l'Unesco, ce sont les restes d'une cité fortifiée israélite datant du Xe siècle avant notre ère. Celle-ci fut construite sur une petite colline, à l'époque du roi David et du roi Salomon, mais la plupart des ruines visibles aujourd'hui datent de l'époque des rois de Juda, au VIIIe siècle av. J.-C. Par ailleurs, une partie des bâtiments a été reconstruite par la SPNI, avec de la boue. Les vestiges sont un bel exemple de planification urbaine à l'époque biblique et témoignent de l'importance de Beersheva pendant cette période. On pourra notamment y voir un autel, reconstitué dont certaines parties ont été trouvées lors des fouilles, une citerne, ainsi qu'un puits. Selon certains, ce puits serait le véritable puits des patriarches mentionné dans la Bible, bien qu'il en existe un autre dans la vieille ville de Beersheva, également appelé « puits d'Abraham ». Enfin, on verra aussi sur le site des ruines d'habitations du VIIIe siècle av. J.-C. et d'une forteresse romaine du IIe siècle de notre ère.

Sculpture.

■ **THE NEGEV MUSEUM OF ART**

Installé dans une belle bâtisse construite en 1906 et connue sous le nom de « Maison du Gouverneur », ce musée expose les œuvres de différents peintres israéliens ayant vécu dans la ville et accueille des expositions temporaires.

Mamshit

Le site de Mamshit, était autrefois la ville nabatéenne de Memphis. Elle fait partie des quatre villes du Néguev qui se trouvaient sur la route des caravanes entre l'Arabie et le port de Gaza auxquelles l'Unesco a donné, en 2005, le statut conjoint de site du patrimoine mondial. Les trois autres villes concernées sont Haluza, Shivta et Avdat. Mamshit est la plus petite mais la mieux restaurée.

■ **MAMSHIT NATIONAL PARK**

Mamshit fut d'abord un site nabatéen, sans doute habité peu de temps avant l'ère chrétienne. C'était une étape pour les caravanes, et un marché important s'y tenait. Les Israélites se désintéressèrent de Mamshit, mais les occupants romains fortifièrent ce point stratégique. Ces ruines sont encore visibles, ainsi que celles, plus tardives (l'église notamment), de la période byzantine, durant laquelle la cité fortifiée prospéra avant d'être détruite par les Arabes au VIIe siècle. Mamshit est inscrit au patrimoine mondial de l'Unesco. Le site offre des possibilités d'hébergement.

Shivta

Shitva, qui n'est plus que ruines, est l'une des anciennes villes nabatéennes que l'on peut visiter sur la route qui se dirige vers la frontière égyptienne à partir du lieu-dit Telalim.

■ **SHIVTA NATIONAL PARK**

Il faut une voiture pour se rendre sur ce site. Comme à Mamshit et Avdat, les ruines sont celles d'une ville-étape sur la route des Nabatéens qui remonte sans doute au Ier siècle av. J.-C. Ce fut ensuite une ville romaine, puis byzantine (la plupart des ruines datent de cette époque). Le plus impressionnant est le système de récolte de l'eau, avec ses piscines et citernes.

Sde Boker

Fondé en 1952, Sde Boker est un des kibboutzim les plus célèbres du pays. C'est en effet ici que David Ben Gourion se retira une première fois du pouvoir en 1953, à l'âge de 67 ans. Après son rappel à la vie politique (1955-1963), il revint vivre à Sde Boker et fit de cette expérience d'agriculture en plein désert son second combat. Il s'y éteignit le 1er décembre 1973. Dans la partie du kibboutz aménagée pour l'accueil du public, le Ben Gourion Desert Home, on peut visiter ce qui fut la maison de Ben Gourion. A 3 km plus au sud, attenant à l'enceinte, l'université qui porte son nom (Medreshet Ben Gurion), se trouvent sa tombe et celle de sa femme Paula.

■ **BEN GOURION DESERT HOME**

Le site est dédié à Ben Gourion et à sa femme, Paula, et a été financé par le Negev Tourism Development Administration. On y trouve une maison d'accueil, un grand parc avec plusieurs kiosques réservés à la projection d'un film historique de quelques minutes, un jardin et le baraquement qui fut la dernière demeure de celui qui proclama l'Indépendance d'Israël. Seule l'entrée de la demeure, devenue musée, est payante. Cette dernière est étonnante de modestie. On l'appelle *the Hut*. Selon les dernières volontés du « Vieux », elle est restée exactement comme il l'a laissée à sa mort en 1973. On pourra entre autres y voir des objets personnels, des livres, des photos et de la correspondance. Les tombes de Ben Gourion et de Paula ne sont pas là, mais à côté de l'université et du Tzin Canyon, dans le Ben-Gurion's Tomb National Park, dont l'accès est gratuit.

■ **EIN AVDAT NATIONAL PARK**

Ce parc naturel est un des immanquables du Néguev. Ouvert en aval, l'oued se rétrécit brutalement en amont pour former des gorges profondes. A partir de l'entrée proche du campus (lower entrance), une superbe randonnée de 2-3 heures vous permet de rejoindre l'entrée sud (upper entrance).

Au départ du parking, le sentier est facile jusqu'à la chute d'eau, qui coule toute l'année, se déversant dans un bassin qu'agrandit un petit barrage. En été, le débit est faible, tandis qu'en hiver il peut être dangereux de marcher dans le lit de l'oued. Sur la droite, un long escalier taillé dans la roche monte au-dessus de la chute. Sur les parois du canyon, on aperçoit des traces d'autres chutes plus éphémères : en hiver, durant la brève saison des pluies, les précipitations tombées sur le plateau forment d'innombrables cascades qui se jettent du haut des falaises. Ce sont ces cascades qui ont érodé la roche et formé les gorges.

La balade continue au fond de la partie haute du canyon, dont le lit devient soudain verdoyant. Une petite forêt ombrage des bassins où poussent des plantes aquatiques. Des libellules font du rase-mottes au-dessus de l'eau. Sur les pentes rocheuses, on observera également quelques passereaux désertiques : alouettes, traquets. Peu craintifs, les bouquetins descendent dans les gorges pour s'y abreuver. Depuis les bassins, on peut monter en haut de la falaise par un sentier aménagé. De là-haut, vous aurez une vue superbe sur le canyon et ses méandres.

Avdat

Avdat ou Ovdat ou encore Oboda, est une ancienne ville nabatéenne sur la route des Encens (appelée aussi route des Epices). Elle est située au sud de Sde Boker et de l'université Ben Gourion, sur la route principale pour rejoindre Mitzpe Ramon. Elle est inscrite sur la liste du patrimoine mondial de l'Unesco depuis 2005.

■ **AVDAT NATIONAL PARK**

Avdat était la principale cité nabatéenne du Néguev, fondée au IIe siècle av. J.-C. Les ruines sont perchées au sommet d'une butte hautement stratégique, à un point qui, autrefois, ne l'était pas moins puisqu'ici se croisaient la piste allant de Pétra, en Jordanie, à l'Egypte, et la piste allant de Beersheva à la mer Rouge. Avdat atteignit son apogée à l'ère byzantine, et la majeure partie des ruines visibles aujourd'hui remonte au VIe siècle. Le site fut abandonné au Xe siècle. Avdat est classée au patrimoine mondial de l'Unesco.

Mitzpe Ramon

Mizpe Ramon a été fondée en 1951 comme camp pour les ouvriers construisant la route vers Eilat, ainsi que comme poste militaire. Les premiers résidents permanents de la ville, des immigrés juifs d'Afrique du Nord (African Hebrew Israelites of Jerusalem ou Blacks Hebrews) et de Roumanie, se sont installés ici dans les années 1960. Mais la ville,

malgré les nombreuses tentatives de l'Etat pour y attirer de nouveaux commerces et habitants, a encore du mal à prendre son envol et le taux de chômage y demeure élevé. Néanmoins, depuis quelques années, une poignée d'artistes et d'amoureux du désert ont redonné vie à l'ancienne zone industrielle de la ville où ils ont installé galeries, boutiques, qui se mêlent à plusieurs restaurants et hébergements de qualité.
Toutefois, l'intérêt majeur de Mitzpe Ramon est sans conteste l'immense cratère au bord duquel elle a été bâtie. Ce cratère de forme ovale est le plus vaste du monde : 40 km de long et 9 km de large, et son extrémité sud-ouest atteint la frontière égyptienne. Ses bords sont des falaises brunes, rouges, mauves et ocre : quand la lumière est belle, les couleurs resplendissent jusqu'au fond du cratère, avec en plus des collines de lave noire. Avec ses paysages magnifiques et particulièrement isolés, le Makhtesh Ramon constitue aussi la plus vaste réserve naturelle d'Israël

MAKHTESH RAMON (CRATÈRE RAMON)

Le Maktheh Ramon est une formation géologique spectaculaire de 400 mètres de profondeur, qui s'étend sur 40 km de long et 9 km de large au milieu du Neguev, à côté de la ville de Mitzpe Ramon. Il fait partie des cinq *mahktesh* importants qui se trouvent en Israël. Communément appelés cratères, il s'agit en fait de cirque d'érosion karstique qui relèvent tous du même processus de formation. A l'origine, se tenait ici une montagne dont le sommet, suite à l'activité sismique de la faille syro africaine, se trouva élevé de façon asymétrique. Les pluies entrainèrent une érosion de surface et des côtés et créèrent, par infiltration, des cavités souterraines.

Le champignon du parc national de Timna.

La circulation des eaux à l'intérieur des cavités ainsi formées façonna un paysage karstique dont les roches tendres sous la calotte furent évacuées progressivement. Les roches dures du sommet s'écroulèrent sous leurs poids et furent emportées par un oued, le nahal Ramon. Le sol contient une très grande variété de roches, de minéraux et de sables multicolores, mais également de fossiles. La faune et la flore, de type désertique, sont très diversifiées.

Un dépliant nommé Maktheh Ramon Nature Reserve, disponible sur place et également téléchargeable sur le site du parc, contient le détail des balades et randonnées qui permettent de découvrir le cratère. Les durées varient de 1 heure à 3 jours et concernent tous les niveaux de difficulté. A environ 12 km de Mitzpe Ramon, au cœur du cratère, un camp nomade accueille les visiteurs, y compris pour la nuit.

Yotvata

Ce kibboutz a été fondé en 1957. C'est le plus ancien, le plus grand et le plus prospère des kibboutzim dépendant de l'Eilot Regional Council. Aujourd'hui, ses 600 kibboutzniks cultivent des fruits (mangues, dattes...) et des légumes, et produisent plus de 60% des produits laitiers israéliens. On y trouve un restaurant ainsi qu'une boutique qui vend les produits locaux. Yotvata bénéficie de l'attrait touristique de la réserve de Hai-Bar, à quelques kilomètres au sud.

■ HAÏ BAR YOTVATA NATURE RESERVE

Non loin de l'oasis de Yotvata, un petit morceau de la vallée de l'Arava a été choisi pour devenir le principal centre du projet Haï Bar. En hébreu, Haï Bar signifie « vie sauvage ». Il s'agit de réintroduire en Israël les animaux qui peuplaient le pays il y a deux mille ou trois mille ans. Quels étaient ces animaux ? Pour le savoir, les initiateurs du projet ont simplement pris la Bible. Il y a là une volonté très symbolique de retrouver le passé, mais aussi celle de protéger des animaux en voie de disparition : on favorise leur reproduction en captivité, en vue de les réintroduire en Israël et dans des pays d'où ils ont déjà disparu.

Il s'agit principalement d'animaux désertiques d'Arabie ou du Sahara. Les 16 km² de réserve ont été clôturés en 1964, et les animaux y vivent à l'état semi sauvage. Ils retrouvent dans la vallée de l'Arava une végétation africaine, subsaharienne (sahélienne) : le principal arbre est l'acacia et l'on est ici dans la savane la plus septentrionale du monde.

Elifaz

Ce kibboutz a été créé en 1983. Il a été, en 2012, le premier kibboutz d'Israël à intégrer dans sa communauté des familles druzes. Son économie tire parti de la présence voisine du magnifique site de Timna.

■ TIMNA PARK

Fondé en 1982, le parc de Timna présente des paysages désertiques de toute beauté, avec de nombreuses formations géologiques. C'est là que se trouvent les plus anciennes mines de cuivre connues au monde. Exploitées dès le IVe millénaire av. J-C, ce sont surtout les Egyptiens qui, du

XIVe au XIIe siècle av. J.-C., créèrent ici une véritable industrie du cuivre. Parmi les formations géologiques les plus curieuses figurent une arche, un rocher en forme de champignon, et les « piliers de Salomon », hauts d'une cinquantaine de mètres. Au pied de ces derniers se trouvent les ruines d'un temple égyptien, érigé au XIVe siècle avant notre ère en l'honneur de la déesse Hathor, protectrice des mineurs. Ne manquez pas de jeter un coup d'œil sur les hiéroglyphes gravés dans la roche. Le parc abrite aussi un lac artificiel, alimenté par la nappe phréatique, où il est possible de faire du pédalo. VTT et descentes en rappel font également partie des activités proposées. Camping près du lac, généralement réservé par les groupes.

Eilat

En 1949, la guerre d'Indépendance prit fin lorsque les soldats israéliens atteignirent la mer Rouge. Ils arrivèrent sur une plage déserte, avec en face les maisons blanches d'Aqaba, en Jordanie, et prirent 7 km de rivage, coincés entre l'Egypte et la Jordanie. Sur ce point hautement stratégique, à l'extrême sud du pays, les Israéliens construisirent une ville qu'ils appelèrent Eilat.

Depuis sa création, Eilat n'a cessé de se construire. Le style est un peu celui de la Costa Brava espagnole : du béton, encore du béton et toujours du béton dans un environnement pourtant magnifique.

Aujourd'hui, malgré son éloignement des autres villes du pays, Eilat est

© TOM PEPEIRA - ICONOTEC

Quelques palmiers égaient la station balnéaire d'Eilat.

devenue, grâce à son climat, ses fonds marins (ou plutôt ce qu'il en reste), une station balnéaire prisée comportant de nombreux hôtels de luxe, alignés sur le littoral. La ville compte environ 40 000 habitants, et dix fois plus de touristes.

■ CORAL BEACH NATURE RESERVE

La principale attraction d'Eilat est sa barrière de corail (Coral Reef en anglais), qui s'étend sur plus d'1 km le long de la côte ouest de la baie, au sud d'Eilat, vers la frontière égyptienne. C'est le récif corallien le plus septentrional du monde, qui constitue une réserve naturelle sous-marine où l'on peut voir une centaine d'espèces de coraux, ainsi que de nombreux poissons multicolores liés aux fonds coralliens, où ils trouvent nourriture et protection contre les prédateurs...

Relativisons tout de même : à cause de l'afflux de plongeurs, les fonds ont subi de gros dégâts et sont loin de figurer parmi les plus beaux du monde. Si la plongée est pour vous une priorité, mieux vaut descendre dans le Sinaï voisin où les récifs sont mieux conservés (et en plus c'est moins cher !). Néanmoins, il y a quand même moyen de vivre une agréable expérience sous-marine à Eilat. Par ailleurs, les poissons, habitués à voir défiler les plongeurs, sont particulièrement peu farouches. Enfin, l'eau est limpide, et coraux et poissons sont parfaitement visibles à faible profondeur. Pas besoin de bouteilles, un masque, un tuba et des palmes suffisent (on appelle ça du « snorkeling »). Si vous n'avez pas emporté les vôtres, vous pourrez en louer pour 16 NIS. Vous accéderez au récif corallien, qui n'est pas très éloigné de la plage, *via* un petit pont. Attention, évitez le contact avec le corail et ne plongez pas pieds nus : ça coupe. Evitez aussi de prélever du corail (c'est strictement interdit !) ou des coquillages, et de nourrir les poissons. On peut également pratiquer la plongée sous-marine avec des bouteilles et descendre ainsi à de plus grandes profondeurs. A Coral Beach même, plusieurs clubs de plongée proposent des cours.

Eilat.

■ DARB AL-HADJ (ROUTE DES PÉLERINS)

Des vues impressionnantes vous attendent sur la route n° 12, qui longe la frontière égyptienne vers le nord et grimpe au-dessus du golfe en se faufilant entre les montagnes d'Eilat à l'ouest et les montagnes d'Edom à l'est, en Egypte. C'est l'ancienne route des Pèlerins (Darb al-Hadj) du Caire à La Mecque par le désert du Sinaï et Aqaba, tracée au début du VIIIe siècle par le sultan d'Egypte, Mahmoud Ibn Tulun. De la route même, la vue s'étend sur le golfe bleu et, au fond, les montagnes jordaniennes, toutes rouges au coucher du soleil. Après un grand virage, une petite route sur la gauche permet d'accéder au mont Yoash. La vue est magnifique sur le golfe, la ville d'Aqaba et celle d'Eilat.

■ EILAT MUSEUM

Ce musée présente l'histoire d'Eilat. Vous y verrez beaucoup de photos, avec assez peu d'explications en anglais, ainsi que la projection d'un film documentaire de quelques minutes.

■ EIN NEFATIM

Après avoir passé Ntefirm Border Crossing et commencé à longer la frontière égyptienne, une petite piste sur la droite mène à la seule source de la région : Ein Nefatim, c'est-à-dire la « source des gouttes » car la mare est alimentée par une source

Ferme du désert.

quasiment au goutte-à-goutte. Pour accéder à la mare, garez-vous sur le parking (ou faites-vous déposer en taxi), puis suivez le sentier balisé. Moins d'un kilomètre plus loin, vous arriverez à la source, abritée au fond de l'oued Nefatim et préservée de l'évaporation intense par l'ombre des falaises alentour. La mare se remplit plus abondamment à la saison des pluies, lorsqu'une chute d'eau s'écoule le long de la paroi. En amont, une autre petite mare a été aménagée par les soldats britanniques. On peut y accéder par un sentier balisé en noir. Le meilleur moment pour visiter les mares est l'aube ou la fin de l'après-midi : vous pourrez alors y surprendre des gazelles, des damans de rocher ou des gangas à l'abreuvoir. Compter 30 min de marche pour cette balade.

■ KING'S CITY

Le premier parc à thème d'Israël se devait de choisir le thème de la Bible. Films en 3D, labyrinthe géant, expériences interactives, grotte située à 60 m sous le sol, rivière sauvage, le tout réparti entre quatre mondes... Les créateurs de ce parc qui s'adresse essentiellement aux familles n'ont pas lésiné sur les moyens technologiques et financiers. Le site peut accueillir jusqu'à 4 500 visiteurs par jour.

■ MOUNT HIZKIYYAHU

La route n° 12 parvient ici au sommet du mont Hizkiyyahu, à 838 m d'altitude. De là, vue sur les montagnes d'Eilat et, au-delà, la vallée de l'Arava à l'est. A l'ouest, l'Egypte : l'ancienne route de La Mecque, les montagnes d'Edom et la plaine de sable gris appelée la vallée de la Lune.

■ MOUNT TSEFAHOT

Le point de vue le plus facile d'accès depuis Eilat est le mont Tsefahot, qui s'élève à 278 m au-dessus de Coral Beach. Un sentier balisé y monte, en une demi-heure environ, au départ de l'Ecole de la Nature. Du sommet, vous aurez une vue sur le golfe d'Aqaba et les quatre Etats qui se le partagent : Israël, l'Egypte, la Jordanie et l'Arabie Saoudite.

RED CANYON

Le canyon Rouge est le cadre de l'un des plus beaux sentiers balisés du parc national des montagnes d'Eilat. Le site est accessible en bus, grâce à la ligne qui relie Eilat et Mitzpe Ramon. Demandez au chauffeur de vous déposer à l'entrée du site, indiquée par un panneau : vous aurez ensuite à faire 2 km de marche. Si vous êtes en voiture, garez-vous au bout de la piste et suivez toujours les panneaux « Red Canyon ». Le sentier est balisé en vert et ne prend pas plus de 1 heure aller-retour. Il passe au fond de gorges étroites et, même en plein milieu de la journée, on y est en grande partie à l'ombre.

SHEHORET CANYON

Ceux qui sont en voiture peuvent facilement accéder à l'entrée du canyon Shehoret, qui se trouve sur l'Israël National Trail. A mi-chemin sur la piste qui mène aux piliers d'Amram, prendre sur la gauche une autre piste balisée en vert. Du parking en bout de piste, un sentier balisé en vert s'engage entre les parois de 20 m de haut. Il n'y a plus que du grès, mais aussi du granite noir plus ancien et, plus loin, à la sortie des gorges, de la craie blanche, plus jeune. Laisser ensuite les balises vertes pour des balises rouges sur la droite, qui parviennent à un large point de vue sur la vallée de l'Arava. Continuer sur le sentier balisé en rouge jusqu'à un second point de vue. De celui-ci, suivre sur la droite, vers le sud, les balises noires qui ramènent au parking. Compter 2 heures de marche aller-retour.

Sculpture.

UNDERWATER OBSERVATORY MARINE PARK

Vous reconnaîtrez de loin cette tour qui se dresse au-dessus de l'eau à une soixantaine de mètres de la plage, à laquelle elle est reliée par une passerelle. Elle abrite une salle panoramique vitrée qui se trouve à 4 m sous le niveau de la mer et depuis laquelle on peut voir d'innombrables poissons multicolores. Et si vous n'avez pas vu assez d'espèces différentes, les nombreux aquariums du parc, assez étendu, se chargeront d'étoffer la liste. Les enfants apprécieront sans doute aussi de voir les tortues, les raies ou les requins et de pouvoir toucher certains poissons dans des bassins. Passez également jeter un coup d'œil sur l'exposition « Amazonie », où l'on peut voir notamment des piranhas et des anacondas… Enfin, l'Oceanarium, vous emmènera dans une aventure virtuelle sous la mer. A savoir : les différentes séances de nourrissage s'étalent de 11h à 15h.

La côte Nord

La côte qui s'étend au nord de Tel-Aviv, jusqu'à la frontière libanaise, a toujours été une région prospère grâce à son climat méditerranéen, ses terres fertiles, et sa proximité avec la mer. Elle est aujourd'hui l'une des plus peuplées d'Israël. Depuis des siècles, les ports ont ici permis de relier le Moyen-Orient à l'Europe : Césarée, Acre et aujourd'hui Haïfa, la troisième ville du pays et son port le plus important, témoignent de cette histoire maritime. La côte Nord offre aussi de belles plages de sable blanc, des sites archéologiques, des réserves naturelles, ainsi qu'une intéressante mixité ethnique dans les villes et les villages où vivent Juifs, Arabes et Druzes.

Netanya

Netanya est une petite ville de 180 000 habitants. Elle est très fréquentée par les touristes, notamment Français, qui viennent y apprécier ses 11 km de plages de sable. L'atmosphère est détendue, et il fait bon flâner entre les nombreux cafés, boutiques et restaurants. Une large partie de la population de la ville est francophone.

Cesarea

Du port construit par Hérode le Grand, qui rêvait de le voir dépasser Alexandrie, il ne reste que des ruines… Le roi de Judée imposé par Rome fit bâtir cette cité de 22 à 10 av. J.-C., sur le modèle gréco-romain. Il la nomma Césarée, en hommage à l'empereur César Auguste. En 6 apr. J.-C., Césarée devint la capitale de Judée. Premier port artificiel de l'histoire, qui pouvait accueillir plus de cent navires à quai, la ville s'imposa rapidement comme l'un des principaux ports de la Méditerranée orientale. La cité avait également un amphithéâtre de plus de 30 000 places, où des milliers de Juifs furent massacrés lors de la révolte contre les Romains en 66 apr. J.-C. Aujourd'hui, dans l'amphithéâtre reconstruit, on peut parfois assister à des ballets et des opéras ainsi qu'à des concerts donnés par des groupes internationaux. Evoqué dans les chroniques de Flavius Josèphe, le stade, de 350 sur 70 m, où se déroulaient les courses de chars, pouvait accueillir 20 000 spectateurs. Après la mort d'Hérode la cité continua à prospérer. Elle fut conquise en 638 par les Arabes, puis en 1101 par les Croisés. Elle passa ensuite plusieurs fois aux mains des uns et des autres, jusqu'à ce que le roi de France Louis IX la reprenne en 1251 et fasse bâtir les murailles que l'on peut encore voir aujourd'hui. Mais celles-ci ne suffirent pas à arrêter les Mamelouks qui, en 1265, s'emparèrent de la ville et la mirent à sac. Par la suite, Césarée demeura inhabitée jusqu'en 1878, date à laquelle des musulmans de Bosnie s'y installèrent. Ces derniers quittèrent définitivement les lieux en 1948.

Au début de la Seconde Guerre mondiale, un groupe d'immigrants juifs y fonda le kibboutz de Sdot Yam. Ceux-ci découvrirent des objets et des vestiges qui suscitèrent l'intérêt des archéologues. Les premières fouilles sérieuses du site commencèrent dans les années 1960, et se poursuivent encore. En 1961 fut découverte une plaque portant l'inscription : « Le préfet Ponce Pilate fit construire le Tiberium ». Si personne ne s'accorde pour déterminer ce qu'était ce fameux Tiberium, colonne ou immeuble, la découverte est capitale, car c'est la première trace, en dehors de la Bible et des chroniques de Flavius Josèphe, de l'homme qui se « lava les mains » de la condamnation du Christ. Plus de 3 000 archéologues ont travaillé à l'exhumation de Césarée, et l'on sait aujourd'hui précisément à quoi ressemblait la ville. Ce site archéologique est l'un des plus beaux d'Israël, et un incontournable pour les férus d'histoire. De nos jours, Césarée est une station balnéaire très huppée.

■ CAESAREA NATIONAL PARK

Le billet d'entrée est valable pour le national park (qui concerne le site archéologique) mais également pour les attractions qui ont été installées à proximité. En ce qui concerne les vestiges, les principaux points d'intérêt sont les fortifications de la ville des croisés, construites par saint Louis, l'amphithéâtre romain et l'hippodrome. On ne manquera pas non plus le port, les mosaïques byzantines et les deux grandes statues romaines du IIe siècle de notre ère. Concernant les attractions, le « Time Trek » (à l'entrée de la jetée, près du restaurant Helena), est une expérience multimédia qui redonne vie aux ruines et vous permet de mieux comprendre l'évolution de la cité. Après la projection d'un film (10 min ; en anglais) sur l'histoire de la ville et de ses différents occupants, vous rencontrerez les hologrammes de personnages historiques qui ont contribué à sa construction.

■ ROMAN AQUEDUCT

Les vestiges de ce magnifique aqueduc romain du IIe siècle traverse Aqueduct Beach, la plage au nord du site. L'endroit est beaucoup plus calme que le site archéologique et mérite vraiment le détour.

Atlit

Des milliers d'immigrants clandestins juifs, arrêtés par les Britanniques alors qu'ils tentaient d'atteindre la Palestine, ont été détenus dans ce camp. A 16 km au sud de Haïfa.

■ ATLIT DETAINEE CAMP – CAMP DES IMMIGRANTS CLANDESTINS D'ATLIT

Le camp d'Atlit servi à interner les immigrants clandestins entre 1939 et 1948, pendant le mandat britannique en Palestine. Le 10 octobre 1945, un commando du Palmach (unité spéciale combattante de la Haganah), mené par Nahum Sarig et par le jeune Yitzhak Rabin, lança une attaque contre le camp et libéra 200 prisonniers. La visite du camp comprend la projection d'un petit film et un tour guidé des baraquements où vivaient les détenus.

Haïfa

Avec ses 285 000 habitants, Haïfa est la troisième ville d'Israël et la capitale du Nord. Elle s'étale au bord de la

Méditerranée, joliment étagée sur les flancs du mont Carmel, sur 300 m de dénivellation. En contrebas, on trouve le port – le plus important du pays –, bordé d'entrepôts et d'immeubles fonctionnels, qui contraste avec la partie résidentielle de la ville, nichée sur la montagne. Haïfa abrite aussi dans ses murs deux universités, le Technion, plus célèbre pour son centre de recherches, et l'université de Haïfa. La ville est jumelée avec Marseille depuis 1958.

BAHA'I GARDENS

En un demi-siècle, les Baha'ï ont transformé la montagne caillouteuse du Carmel en un jardin à la française qui dévale la pente en une succession de dix-neuf terrasses impeccablement entretenues. Sur un kilomètre de dénivelé, le gazon anglais rivalise de verdeur avec les allées de graviers rouges et de galets blancs ; des fontaines chuchotantes jalonnent une promenade entre les arbres exotiques, les oliviers centenaires et les innombrables rosiers.

On peut également visiter le temple baha'ï, ou sanctuaire du Bab. Cet édifice, le plus spectaculaire de Haïfa et dont la coupole dorée est visible de loin, est le principal lieu saint de la religion baha'ï car c'est là qu'est enterré son fondateur, Siyyid Ali Muhammad (ses restes furent ramenés d'Iran en 1909). Pour visiter le temple, il convient d'être décemment vêtu : manches longues pour les femmes, pantalons pour les hommes.

CLANDESTINE IMMIGRATION & NAVAL MUSEUM

Ce musée couvre une partie de l'histoire de Haïfa. Il s'agit de l'immigration des Juifs sionistes à l'époque des quotas fixés par les Britanniques, avant 1948, et de leurs tentatives de forcer le blocus britannique. On peut y visiter un authentique bateau ramené à terre, dont le nom est Af-Al-Pi-Chen, signifie « en dépit de tout ». Les 435 passagers de ce navire, comme de nombreux autres avant eux furent interceptés par les Anglais et envoyés dans un camp de détention pour immigrants clandestins à Chypre.

© S.NICOLAS - ICONOTEC

Aqueduc de Césarée.

MER MEDITERRANEE
Bat Gallim Pro
Sederot haHagana
Grotte d'Elie
Cable car
Musée de l'imi clandesti de la Marine is
Musée maritim national
Derekh Stella Maris
Monastère Carmélite Stella Maris
Hubert Huumphrey
'EN HA-YAM
Pierre Koenig
Shaul Tchernichovsky
Derekh Zerafat
Bet Le'Hem
RAMAT SHA'UL
Yesha yahu
Sederot haHagana
HaRav Raphael Ankawa
Sha'ar ha'Aliyya
QIRYAT SPRINZAK
Ha Rotem
RAMAT HA-TISHBI
Ovady
Ezel
Ha Tamar
RAMAT HAVIV
Derekh HaYam
HaMeleekh Ankawa
WESTERN CARMEL
Ilnaot
NEWE DAVID
HaMelekh Sha'ul
Plage haCarmel
EL KABABIR
Kabbirim
Sederot haHagana
Plage Zamir
Ra'anan
Alex. Yan
Plage Dado
0
500 m
Le'a

Haïfa
Edifice religieux
Musée
Monument et curiosité
Information touristique
Gare ferroviaire
Gare routière
Théâtre
Parking
Plage
GEULLA
Nom de quartier
Plage Bat Gallim
Plage HaShaquet
PORT
Gare ferroviaire centrale
Gare routière
Gare ferroviaire
Musée Dagon Gram
Musée de Haïfa
Tombeau Bahai et jardins
Kikkar Shelom
Hôtel de ville
Théâtre municipal
Zoo
Auditorium d'Haifa
QIRYAT ELI'EZER
QIRYAT ELIYYAHU
MOSHAVA GERMANIT (la colonie allemande)
FRENCH CARMEL
WADI NISNAS
VIEILLE VILLE
HERZLIYYA
NORTH CARMEL
HADAR HA-CARMEL
GEULLA
CENTRAL CARMEL
RAMAT HADAR
ha Sharon
Dr.L.Efron
Ha'Aliyya ha Sheniyya
haMekhes
Sederot haHagana
Sederot James de Rothschild
Sed. Rehoz Zohal
Telo-Aviv
Ahawa
haGeta'ot
Sederot haMeginnim
Derekh Allenby
Derekh Stella Maris
Yizhaq Sadeh
Lohamé
haGannim
Meir Rothberg
Derekh Yaf
Derek ha'Azma'ut
HaBaron Hirsch
Sederot Ben Gurion
Derekh Allenby
Khouri
haTish'im uShelosha
Sederot ha Palyam
Shivat HaShihrur
El Mutanabbi
Sederot HaZiyyonut
Abbas
Shifra
Sederot haZiyyonut
Shabbetai Levi
Y.L. Peretz
Hasan Shukri
Herzliyya
Ajlun
Bialik
Yéfé Nof
Sederot HaNasi
Leonardo Da Vinci
HaTishbi
Koresh Gid'on
Ligne de Métro des Carmélites
Herzl
Nordau Mall
Yerushalayim
Pevsner
Trumpeldor
Balfour
Arlosoroff
Hehaluz
Montefiore
Sederot Eliyyahu Golomb
Hess
Bar Giyyora
Rashi
Derekh HaYam
haZevi
HaBeroshim
David Pinsky
Qadima
Yéfé Nof
Y. Elhayan
Sed. Wedgewood
Sed. Moriyya
Bikkurim
Geulla
Hashiloah
Léon Blum
Baal Shem Tov
Hanna Senesh
Sederot Kisch
HeAsif
Hasport
Lotus
Rahel

A l'entrée, on verra la maquette d'un bateau plus connu, l'Exodus, qui, chargé de rescapés de la Shoah, fut arraisonné par les Anglais et ses passagers, amenés au port de Haïfa avant d'être renvoyés vers l'Europe dans des bateaux-prisons. Le pont du modèle réduit est couvert de passagers et de bagages. Le musée a également reconstitué – avec des mannequins de cire à l'échelle humaine – une scène de l'Exodus ainsi qu'une scène d'un camp anglais d'immigrés clandestins à Chypre. On peut aussi demander à voir le très instructif film (en anglais uniquement) *From shore to shore* (*D'un rivage à l'autre*), qui retrace l'histoire de l'immigration et la vie de ces « boat people » avant la lettre, à l'aide d'images d'archives. Un musée très intéressant mais où beaucoup d'explications et de documents écrits en hébreu n'ont pas encore été traduits en anglais.

Théâtre antique à Césarée.

■ ELIJAH'S CAVE

C'est dans cette grotte que le célèbre prophète Elie se serait retiré au IXe siècle av. J.-C., pour méditer. Les chrétiens croient également que la Sainte Famille a résidé dans la grotte à son retour d'Egypte. Aujourd'hui, le site attire des pèlerins des trois grandes religions monothéistes. Pour visiter la grotte, il convient de porter une tenue décente. L'entrée des hommes est séparée de celle des femmes.

■ HAIFA CITY MUSEUM

Le musée de la Ville de Haïfa a été inauguré en novembre 2000. Il est situé dans les anciens bâtiments du centre communautaire des Templiers, dans la colonie allemande. On y découvre des expositions temporaires consacrées à l'histoire de Haïfa, sur les thèmes de l'architecture, de l'urbanisme, de l'art et de la culture.

■ HAIFA MUSEUM OF ART

Le musée d'Art de Haïfa est l'un des principaux musées d'art d'Israël. Fondé en 1951 en l'honneur d'une exposition dédiée à Marc Chagall, il occupe l'édifice actuel depuis 1977 (une ancienne école). Le musée présente une intéressante collection allant du milieu du XVIIIe siècle à nos jours, surtout du XXe siècle et d'art contemporain israélien : peintures, sculptures ainsi que photographies et vidéos. On peut aussi y voir des expositions temporaires d'artistes de différentes nationalités.

■ HECHT ARCHEOLOGICAL MUSEUM

Sur le campus de l'université, au sud-est de la ville, ce musée vaut sans aucun doute que l'on s'y déplace.

La religion baha'i

La religion baha'ï est apparue en Iran dans la première moitié du XIXe siècle. Dérivée de l'islam chiite, son but est d'unir tous les peuples du monde dans une cause universelle et une foi commune. Ainsi, les notions baha'ï de révélations religieuses progressives leur font accepter la validité de la plupart des religions du monde, dont les fondateurs ou figures centrales sont considérés comme des prophètes : Abraham, Jésus, Mahomet, Moïse, Krishna, Bouddha… Les Evangiles, la Torah ou encore le Coran sont lus par les fidèles, sans qu'il y ait de célébration publique.

▶ **Le fondateur de la religion est Siyyid Ali Muhammad** *(1819-1850), un jeune homme originaire de Shiraz, qui déclara, en 1844, être une manifestation nouvelle de Dieu. Il prit dès lors le titre de Báb, qui signifie « porte » en arabe, celle par laquelle seraient dites les prophéties. Il annonce, entre autres, la venue prochaine d'un Messager de Dieu. Le Báb rassembla ainsi plusieurs milliers de disciples, mais ses enseignements déplurent au pouvoir iranien qui l'arrêta et le fit fusiller en 1850.*

▶ **Treize ans plus tard, en 1863, Mirza Husayn-Ali** *(1817-1892), un adepte du « bâbisme » qui se trouve en exil à Bagdad, déclare être le Messager de Dieu annoncé par le Bâb. Il prend le nom de Baha'u'llah, « la Gloire de Dieu » et est reconnu par la grande majorité des disciples du Bâb. Il devra ensuite quitter Bagdad pour Constantinople, puis Andrinople, avant d'être exilé par le gouvernement turc dans la prison de Saint-Jean-d'Acre, où il sera emprisonné pendant deux ans. C'est là qu'il écrira son ouvrage principal (le Kitab-i-Aqdas), qui définit les bases de la religion baha'ï. Avant sa mort, il nomma son fils aîné chef de la communauté baha'ï. C'est ce dernier qui, selon la volonté de son père qui s'était rendu plusieurs fois dans la ville, établira à Haïfa le siège principal du mouvement baha'ï et y fera enterrer les restes du Báb.*

▶ **Aujourd'hui, le baha'ï revendique 6 millions d'adeptes à travers le monde** *(la communauté la plus importante se trouve en Inde) et prône la fraternité, l'égalité entre les sexes et la charité. La foi baha'ï n'a pas de clergé. Les affaires sont gérées par un système de conseils, élus au niveau local, national et international.*

▶ **A voir aussi** *: outre les jardins bahai de Haïfa, visitez également ceux situés au nord d'Akko.*

Souvenirs religieux.

Il présente une très belle collection d'objets archéologiques mis au jour dans la région. Ne manquez pas la coque de 14 m de longueur d'un navire grec datant du Ve siècle av. J-C. Découverte près de Césarée en 1984, elle est étonnamment bien conservée. A l'étage supérieur, le musée abrite également une collection de peintures impressionnistes et de l'Ecole juive de Paris. On pourra notamment y voir quelques tableaux de Monet, Manet, Pissarro, Modigliani, Van Gogh…

■ MADATECH – ISRAEL NATIONAL MUSEUM OF SCIENCE

L'équivalent israélien du Palais de la Découverte de Paris ou de la Cité de sciences et de l'industrie de La Villette. Un musée atypique et ludique, où l'on peut toucher, manipuler, tordre et expérimenter les grandes inventions. Vous revisiterez ainsi l'histoire des télécommunications, du télégraphe au visiophone, de l'électricité, etc. On verra aussi, installé derrière le musée, dans le jardin, un avion de combat de taille réelle. Au sous-sol sont organisées de petites expositions temporaires sur la science, plus classiques. Enfin, une partie du musée est consacrée à la recherche israélienne.

■ NATIONAL MARITIME MUSEUM

Le principal port israélien se devait d'avoir un musée consacré à l'histoire maritime de la Méditerranée orientale. Vous pourrez y voir d'intéressantes maquettes d'embarcations phéniciennes, égyptiennes, philistines ou de vaisseaux de guerre du XVIIe au XIXe siècle. A voir aussi, les jarres et amphores, cargaisons des navires marchands allant de l'âge du bronze à la période byzantine, mises au jour lors de fouilles non loin des ports d'Acre, Atlit, Ashkelon ou Ashdod. Et la collection de monnaies représentant des esquifs. Enfin, ne manquez pas, au 1er étage, l'espace réservé au port de Césarée, qui complétera agréablement votre visite du site, ou vous donnera envie de vous rendre sur place.
Le musée évoque également l'histoire de la marine israélienne depuis les actions de l'armée de résistance juive. On y découvrira l'histoire de la « compagnie maritime » dont le but était de faire passer des survivants de la Shoah en Palestine, ainsi que

Le mont Carmel en flammes

En décembre 2010, le plus grand incendie de forêt de l'histoire d'Israël provoqua la mort de 42 personnes sur le mont Carmel. Le feu détruisit près de 5 millions d'arbres sur une superficie d'environ 5 000 ha entre Isfiya, le kibboutz de Beit Oren, Haïfa et Tirat Carmel, et 17 000 personnes durent être évacuées. Une trentaine d'avions et hélicoptères et d'important moyens au sol furent mobilisés durant plusieurs jours pour maîtriser le feu et arrêter sa propagation. Plusieurs pays apportèrent leur aide pour combattre le sinistre, dont la Turquie, la Jordanie et la France.

des faits de guerre plus récents et les insignes de la marine israélienne.

RAILWAY MUSEUM

A l'est de la vieille ville, près de Faysal Square, se trouve l'ancienne gare de Haïfa-Est, un bâtiment de pierre de la période ottomane. C'est aujourd'hui un musée, dont les trains en modèle réduit, mais aussi les locomotives et les wagons grandeur nature restaurés méritent le coup d'oeil. L'histoire du chemin de fer en Palestine y est retracée depuis ses débuts, sous l'occupation turque, en 1888.

STELLA MARIS MONASTERY

Stella Maris signifie « étoile de mer » en latin. C'est proche de ce lieu qu'est né l'ordre catholique des Carmes, lorsque, au XIIe siècle, des croisés décidèrent de fonder un monastère sur les pentes du mont Carmel, où aurait vécu le prophète Elie. Cet ancien monastère n'est plus que ruines qui s'étalent sur une surface relativement modeste dans le lit d'un petit torrent desséché que les Arabes appellent « Wadi' aïn es Siah », qui signifie « torrent des pèlerins ». Le monastère a été construit en 1836. Il possède un très beau plafond peint qui représente le prophète Elie et le chariot de feu, le Roi David qui joue de la harpe, les prophètes Daniel, Ezéchiel et Isaïe, et la sainte Famille. De ce site, vous aurez une vue superbe sur la baie de Haïfa.

Carmel Forest

La forêt du mont Carmel se situe au sud-est d'Haifa et de son Université, qui a été bâtie à sa lisière. Elle couvre 8 500 ha et possède plusieurs sommets dépassant les 500 mètres. Du fait de son étendue, elle est également accessible par Atlit (à l'ouest), Elyakim (au sud) et Nesher (au nord-est).

La majeure partie de cette forêt est comprise dans le Mount Carmel National Park, l'un des plus grands parcs nationaux d'Israël. Elle abrite une végétation et une faune de type méditerranéen et reçoit chaque année des milliers de visiteurs, essentiellement le week-end du fait de sa proximité avec Haïfa et Tel-Aviv. Parmi les points d'intérêt, on citera tout particulièrement la Mavo Nahal Kelah ou Little Zwitzerland (Petite Suisse), the 40th Forest Reserve et la réserve naturelle du Hai-Bar. Plusieurs chemins de randonnées traversent le parc sillonné par de nombreux cours d'eau. Des aires de repos et de pique nique aménagées sont à la disposition des visiteurs.

HAÏ BAR CARMEL NATURE RESERVE

En hébreu, Haï Bar signifie « vie sauvage ». Ici, on trouve principalement des panthères, des cerfs et des daims, des vautours, des faucons ou des hiboux qui, tous, ont souffert de la déforestation, de la chasse et des empoisonnements avant de presque disparaître du mont Carmel et de ses environs. Créée dans les années 1960 afin de réintroduire et protéger la faune d'Israël originaire des forêts méditerranéennes menacée, la réserve naturelle de Hai Bar Carmel est le pendant de la réserve de Hai Bar Yotvata, dans le Sud du pays, consacrée aux animaux des zones désertiques.

■ MOUNT CARMEL NATIONAL PARK

Ce parc national est l'un des plus grands d'Israël. Il est accessible par Haïfa (au nord), Atlit (à l'ouest), le moshav Elyakim (au sud) et Nesher (au nord-est). Il abrite une végétation et une faune méditerranéennes. Parmi les nombreuses activités offertes : des randonnées le long des nombreux cours d'eau qui sillonnent le Carmel, des aires de pique-nique, le point d'observation David Izen et la réserve naturelle du Hai-Bar.

■ THE 40TH FOREST RESERVE

La réserve du Bois des quarante se situe à l'est de la route Haïfa-Oussafia. Des dizaines de grands chênes, certains, plusieurs fois centenaires, s'y dressent. C'est ici que l'on trouve le plus grand nombre d'arbres anciens en Israël. Ils ont été préservés grâce à la population locale qui a su les respecter. Le bois vous laissera une agréable impression de fraîcheur.

Daliyat Al-Karmel

Daliyat-el-Karmel compte 13 000 habitants et est le plus grand village druze d'Israël. Il a été créé au XVIIe siècle par des Druzes originaires du Mount Lebanon. En 2003, le village de Ysfia (ou Isfiya ou encore Oussafiya) lui a été rattaché (l'ensemble portait alors le nom officiel de Carmel City) avant que chaque village ne retrouve son indépendance en 2008. L'essentiel de l'activité commerçante de Daliyat-el-Karmel est concentré dans sa rue principale.

Meggido

A environ 35 km au sud-est de Haïfa, se trouvent les ruines de Megiddo, plus connue sous le nom d'Armageddon (montagne de Megiddo en hébreu). Dans l'Apocalypse, saint Jean nous dit que c'est là qu'aura lieu la dernière grande bataille sur Terre, le combat final entre le Bien et le Mal.

© S.NICOLAS - ICONOTEC

Vue sur le port de Akko.

■ MEGGIDO NATIONAL PARK

Ville cananéenne, fondée vers 3000 av. J.-C., Megiddo était située à un endroit stratégique où elle dominait les principales routes commerciales et militaires. Elle fut le théâtre de nombreuses batailles. Les fouilles archéologiques ont montré que la cité fut solidement fortifiée à différentes périodes de sa longue histoire. Les ruines les plus impressionnantes sont celles des murailles que le roi Salomon fit bâtir au Xe siècle av. J.-C. ainsi que celles d'un système d'irrigation (dont un tunnel de 70 m de long) qui reliait la ville à une source. Un musée très didactique présente le site tel qu'il devait être à l'origine.

Acre

Le nom d'Akko (Acre), apparaît dès 2000 av. J.-C., à l'époque cananéenne, sur des tablettes d'argile égyptiennes. La ville devint un port important sous le règne d'Alexandre le Grand qui l'annexe à son empire. Puis au IIIe siècle av. J-C., la ville est prise par Ptolémée II, souverain d'Egypte qui la rebaptisa « Ptolémaïs ». Elle fera également partie de l'empire byzantin, avant d'être conquise en 638 par les musulmans. Mais c'est surtout aux Croisés qu'elle doit sa renommée. En 1104, Acre fut prise par Baudouin de Hainaut, avec l'aide de la flotte génoise. Les hospitaliers de Saint-Jean-de-Jérusalem la baptisèrent alors Saint-Jean-d'Acre. Développant un commerce fructueux avec l'Europe, le port devint le premier de la Méditerranée orientale. Il fut repris en 1187 par Saladin, qui ne le garda pas plus de trois ans. En 1190, lors de la troisième croisade, Richard Cœur de Lion et Philippe Auguste échouèrent devant Jérusalem mais parvinrent à reconquérir Saint-Jean-d'Acre. Ils en firent alors la capitale du royaume des Croisés. Jusqu'en 1291, la ville fut un grand centre intellectuel, non seulement chrétien mais également juif. Toutefois, un siècle plus tard, la ville tomba aux mains des Mamelouks. Cette date marque la fin du royaume latin de Jérusalem et de la présence occidentale en Terre sainte. Acre est en ruines et le restera pendant 450 ans. Au XVIe siècle, les Ottomans prirent Acre, mais celle-ci ne commencera à revivre qu'à la fin du XVIIIe siècle, grâce au tyrannique pacha Al-Jazzar (le Boucher). En 1799, il parvint, avec l'aide de l'Angleterre, à repousser les troupes de Bonaparte qui tentaient de s'emparer de la ville. Et, entre 1800 et 1814, il fit construire les remparts actuels. En 1918, après la Première Guerre mondiale et dans le contexte du démembrement de l'Empire ottoman, Acre passa sous le mandat britannique en Palestine. Cependant, les Anglais installèrent leur quartier général à Haïfa et Acre perdit de l'importance. En 1948, lors de la création de l'Etat d'Israël, elle fut intégrée dans le territoire du jeune Etat. A côté de la vieille ville arabe, une ville nouvelle fut construite au nord, tandis que débutaient les fouilles de l'ancienne cité croisée. Habités majoritairement par des Juifs, ces nouveaux quartiers ne présentent que peu d'intérêt touristique, sinon pour des questions d'ordre pratique (poste, banques).

En revanche, la vieille ville, qui est encore aujourd'hui peuplée en majorité d'Arabes, est classée sur la liste du patrimoine mondial de l'humanité de l'Unesco. Bien qu'assiégée par les cars de touristes, elle semble vivre encore à l'époque ottomane. A voir : la Citadelle, la très belle mosquée, le hammam, le souk, le phare et le petit port de pêche.

■ AL-JAZZAR MOSQUE (MOSQUÉE)

Juste en face de la citadelle, se trouve la mosquée Al-Jazzar, ou « mosquée blanche », dont le dôme et le minaret dominent la vieille ville. Elle fut édifiée en 1781 par les Ottomans, sur les fondations de la cathédrale Saint-Jean, datant de l'époque des croisés. Devant la mosquée proprement dite se trouve un agréable jardin intérieur où sont enterrés le pacha Al-Jazzar et son successeur Soliman. A l'entrée, une petite fontaine est destinée aux ablutions des fidèles. Comme dans tout lieu de prière, les visiteurs doivent être habillés décemment, et les femmes doivent se couvrir la tête. Un foulard est fourni à ces dernières.

■ BAHA'I GARDENS

Les Baha'i Garden d'Akko forment un vaste ensemble circulaire entourant ce qui fut la demeure du second prophète de cette religion, Baha'u'llah (de son vrai nom Mirza Hussein Ali – 1817-1892), avant qu'elle ne devienne son sanctuaire. Les jardins baha'i d'Akko sont, au même titre que ceux d'Haïfa, inscrit au patrimoine mondial de l'Unesco depuis juillet 2008.

■ HAMMAM EL-PACHA

Ce hammam fut construit en 1795 par Al-Jazzar. Aux XVIIe et XIXe siècles, les bains publics de ce type étaient nombreux dans l'Empire ottoman. L'histoire du hammam et de la ville nous est racontée ici par le biais d'une fiction mettant en scène une famille de maîtres de bain. C'est un peu kitsch, mais plutôt distrayant. On y apprend notamment que le hammam, bien plus qu'un simple bain, jouait le rôle d'un véritable foyer de la vie sociale. Le hammam comprend une première salle, qui servait de vestiaire, avec une fontaine de marbre au centre. De là, un corridor conduit à une série de pièces qui étaient remplies de vapeur et où la température était très élevée. La dernière est une salle hexagonale surmontée d'un dôme, avec de petites pièces privées à chaque coin.

■ MUSEUM OF UNDERGROUND PRISONNERS

Situé dans la partie ouest de la citadelle, ce musée est dédié à la mémoire des résistants juifs qui furent enfermés dans la prison anglaise, et plus particulièrement à neuf d'entre eux qui y furent exécutés. Vladimir Jabotinsky, une des grandes figures du mouvement sioniste clandestin des années 1920 et 1930, fut incarcéré dans cette prison ; tout comme, à la fin du XIXe siècle, Baha'ullah, l'un des fondateurs de la religion baha'ï.

■ TEMPLAR TUNNEL (TUNNEL DES TEMPLIERS)

Le quartier des Templiers, au sud-ouest d'Acre, fut construit par ces derniers au cours de la deuxième moitié du XIIe siècle. Ils élevèrent une forteresse, dont les ruines sont aujourd'hui couvertes par la mer. De cette forteresse partait un tunnel qui passait sous le quartier pisan et aboutissait au port, à l'est de la ville. Ce tunnel fut découvert en 1994 et une partie ouverte au public en 1999. Depuis 2007, les 350 m de tunnel initial ont complètement été déblayés. Deux entrées sont possibles :

- **Entrée est** : près de l'ancien caravansérail Kahan al-Umdan, près du port, au sud est de la vieille ville.
- **Entrée ouest** : près du phare actuel, à l'endroit où s'élevait autrefois la seconde forteresse des croisés.

THE GHETTO FIGHTERS' HOUSE MUSEUM

Ce musée commémore la résistance juive et les insurrections dans les ghettos au temps de la Shoah. Il présente également la vie des communautés juives avant et pendant la Seconde Guerre mondiale. L'étage supérieur du musée abrite une galerie d'art qui présente des œuvres réalisées pendant la Shoah. Le ticket vous donne accès au Yad Layeled, le musée-mémorial consacré aux enfants juifs pendant la Shoah.

THE HOSPITALLER FORTRESS (FORTERESSE DES HOSPITALIERS)

A savoir avant la visite : d'une part, malgré son appellation courante, le nom de forteresse des Hospitaliers n'est pas vraiment approprié puisque la visite concerne les vestiges restaurés d'un état-major hospitalier sur lequel fut construit par la suite une citadelle ottomane. La forteresse bâtie par les Croisés se trouvait au sud-ouest de la ville. Ses ruines sont ensevelies sous la mer. D'autre part : ne pas confondre le souterrain qui fait office de sortie vers le bazar en fin de visite de la citadelle avec le tunnel des templiers qui reliait la forteresse engloutie et le port. Ce dernier est un ouvrage considérable long de 350 mètres qui se visite à part, bien que son entrée soit comprise dans le prix du ticket d'accès à la citadelle. Située au nord-ouest de la vieille ville, la citadelle fut bâtie au XVIIIe siècle par le pacha ottoman Ahmed al-Jazzar, sur les ruines du quartier des croisés. L'édifice servait au pacha de palais, et de prison où étaient enfermés les criminels et les opposants politiques. Le Baha'u'llah, l'un des fondateurs de la religion baha'ï, y fut emprisonné avec son fils en 1868, après avoir été exilé de Perse.

Pendant la Seconde Guerre mondiale, les Anglais firent de la citadelle la prison centrale de Palestine, où furent détenus (et parfois exécutés) plus d'une centaine de soldats juifs de la Haganah. Leurs compagnons d'armes multiplièrent les pressions auprès du gouvernement anglais et les attentats, exigeant leur libération. En 1947, un groupe terroriste juif fit sauter un mur de la prison, après avoir paralysé les routes principales et tous les moyens de communication de la ville.

Le quartier général des Croisés : c'est sur ce site que se trouvent les plus importants vestiges de la ville datant de l'époque des Croisés. Il s'agit du quartier général de l'ordre des Hospitaliers, un ensemble important comprenant de vastes salles et de nombreuses pièces réparties sur quatre ailes autour d'une cour centrale. Celui-ci fut détruit en 1291 par les Mamelouks. Lorsque Ahmed al-Jazzar, le gouverneur ottoman de Saint-Jean-d'Acre, décida de bâtir une citadelle et un palais à cet endroit, il fit combler de terre les ruines des bâtiments des Hospitaliers.

Les fouilles et la visite : ces dernières années, le déblaiement du site a permis de dégager une cour centrale, d'une superficie de 1 200 m², ainsi que plusieurs salles.

▶ **A l'est de la cour** a été également mise au jour une grande salle des colonnes, s'étendant sur 45 m de long et 30 m de large et servant autrefois d'hôpital. Son plafond de 8 m de haut est soutenu par des voûtes croisées, jaillissant d'épais pilastres encastrés dans les murs. Au-dessus, se dressaient probablement les 4 étages du palais des croisés figurant sur des dessins de l'époque.

▶ **Dans l'aile sud**, un autre hall élégant avec un plafond voûté supporté par de larges colonnes. On suppose qu'il s'agissait de la salle à manger. Plusieurs autres salles n'ont pas encore été dégagées ou attendent d'être restaurées, et les fouilles continuent sur le site.

▶ **Terminez votre visite** en empruntant l'étroit et long tunnel (claustrophobes s'abstenir) dont l'entrée se trouve près de la salle à manger. Il servait autrefois d'égout et, sans doute aussi, d'issue de secours pour les croisés. Il a aujourd'hui été dégagé et vous mènera jusqu'au bazar turc.

Nahariya

Nahariya fut fondée par des Juifs immigrés d'Allemagne, fuyant le nazisme en 1934. C'est aujourd'hui une petite station balnéaire, appréciée de nombreux Israéliens qui y viennent en vacances. C'est un endroit à la fois touristique et calme.

Yehi'am

Le kibboutz Yehi'am a été fondé en 1946 par des colons qui vécurent d'abord dans les ruines de la forteresse, aujourd'hui considérée come un parc national.

■ YEHI'AM FORTRESS NATIONAL PARK

La date de la construction de cette forteresse est inconnue. On présume qu'elle revint aux chevaliers teutoniques lorsque ceux-ci prirent possession de la forteresse de Montfort toute proche. Elle fut ensuite détruite par le sultan mamelouk Baibers en 1265. La plupart des vestiges actuels datent de l'époque de Cheikh bédouin Daher al-Omar, qui a gouverné la Galilée dans les années 1760. Du haut des murs, on peut profiter de très jolies vues sur la Galilée. Des festivals sont parfois organisés sur le site.

Goren

Le kibboutz de Goren est connu pour les ruines de la forteresse croisée de Montfort située un peu au sud, dans le Goren Park, sur un éperon rocheux appelé al-Qurayn (la Corne). Le site de Monfort fait également partie du Nahal Kziv Nature Reserve.

■ MONFORT FORTRESS

Située sur un éperon rocheux, cette forteresse croisée a été construite au XIIe siècle pour protéger Saint-Jean-d'Acre. Au début du XIIIe siècle, elle est devenue le siège des grands maîtres de l'ordre Teutonique. En 1271, les Mamelouks prennent la forteresse mais laissent les chevaliers teutons rejoindre Saint-Jean-d'Acre. Depuis, le château a été laissé à l'abandon, et il n'en reste aujourd'hui pas grand-chose. La balade pour atteindre les ruines demeure néanmoins très agréable.

Rosh Hanikra

Située à la frontière libanaise, Rosh Hanikra tient sa particularité des grottes que les vagues ont creusées dans les falaises calcaires. L'endroit est également un point stratégique qui fut traversé dès l'Antiquité par les caravanes de marchands et les armées. A l'époque de la Première Guerre mondiale, les Anglais, avec l'aide de milliers d'ouvriers de plusieurs nationalités, y construisirent une route pour leurs troupes. Fournissant des efforts surhumains pendant un an, les hommes forèrent des tunnels dans la roche, suspendirent 15 ponts le long du parcours de la voie ferrée et construisirent des murs de soutènement pour repousser les vagues. Deux tunnels d'une longueur combinée de 200 m environ furent creusés dans la falaise et un pont fut suspendu au-dessus de l'ouverture de la grande grotte entre les deux tunnels. A peine cinq ans plus tard, par crainte d'une éventuelle invasion d'Israël par le Liban, l'armée de résistance juive fit exploser le pont suspendu au-dessus de l'ouverture.

■ ROSH HANIKRA GROTTOES (GROTTES)

Un téléphérique permet de descendre vers les grottes avec une vue vertigineuse sur les récifs et la mer. Profitez-en bien, le trajet dure à peine 1 min… En bas de la falaise, un tunnel, aménagé en 1968, donne accès à des cavités creusées dans le calcaire par l'érosion marine. C'est un petit dédale : 200 m de galeries souterraines, tout à fait praticables, où résonne le bouillonnement de la mer. Parfois, les couloirs débouchent sur des failles béantes où, l'hiver, de grandes vagues déferlent sans prévenir. A proximité du tunnel creusé pour la traversée du chemin de fer vers le Liban, une projection « son et lumière » est diffusée régulièrement et retrace l'historique des lieux. Le film dure 15 minutes et est sous-titré en plusieurs langues. Le samedi et les jours de fête, on pourra faire une balade de 40 minutes à bord d'un petit train qui longe la côte.

Galilée et Golan

La Galilée

La Galilée, ce sont des terres fertiles, des vallées verdoyantes, des ruisseaux et des forêts : paysages qui contrastent avec les déserts du Sud. Son abondance en eau et la bonne qualité de ses sols lui ont valu d'être peuplée dès les temps anciens. Cette historicité permet aujourd'hui d'y voir des vestiges romains, byzantins, croisés, ottomans... Pour les chrétiens, c'est surtout la région où se déroula l'essentiel de la vie de Jésus, particulièrement à Nazareth et autour du lac de Tibériade où il aurait accompli plusieurs miracles. Les juifs viennent quand à eux y prier sur les tombes des grands rabbins, visiter les anciennes synagogues et étudier la kabbale dans la petite ville de Safed. La région attire ainsi de nombreux touristes, tant israéliens qu'étrangers, qui explorent ses sites historiques, religieux, et ses parcs naturels. Il est également possible d'y pratiquer une multitude d'activités telles que la randonnée, l'équitation, le kayak... C'est aussi ici que l'on trouve la majorité des kibboutzim du pays : prenez le temps de visiter l'une de ces communautés agricoles qui ont joué un rôle si important dans le dévelop-pement de l'agriculture israélienne. Enfin, la Galilée présente la variété ethnique la plus importante en Israël : on y trouve la plus grande partie des Arabes israéliens ainsi que plusieurs villages druzes et circassiens.

Nazareth

Le village où a grandi le Christ a bien changé. Avec ses 60 000 habitants, parmi lesquels une majorité d'Arabes (chrétiens et musulmans), Nazareth est la plus grande ville de Galilée. C'est aussi l'une des villes les plus fréquentées par les pèlerins chrétiens. La première impression, lorsqu'on arrive au milieu des embouteillages et des bruits de Klaxon, n'est pas toujours plaisante. Néanmoins, ne manquez pas de laisser la voiture de côté et de partir à la découverte des ruelles de la vieille ville. Celles-ci, avec leur ambiance villageoise, abritent encore beaucoup de maisons arabes datant de l'époque ottomane (XVIIIe siècle), plusieurs églises, une mosquée, un souk animé et moult restaurants. Un peu à l'écart du centre, on trouve le Nazareth village qui reproduit, figurants à l'appui, les conditions de vie à l'époque de Jésus. Nazareth mérite vraiment qu'on lui consacre du temps.

■ BASILICA OF THE ANNUNCIATION

C'est à Nazareth que la Vierge Marie aurait reçu de l'ange Gabriel l'annonce de la naissance prochaine du Christ. La basilique, qui fut achevée en 1969, est la plus grande des églises du Moyen-Orient et l'un des hauts lieux de la chrétienté. Elle a été construite sur le site d'églises plus anciennes, elles-mêmes édifiées, à partir du IVe siècle, sur une grotte identifiée comme celle de l'Annonciation. Le chantier permit d'importantes fouilles archéologiques, dont les résultats sont exposés dans le Musée franciscain tout proche. A l'intérieur de la basilique, on peut voir des mosaïques sur le thème de l'Annonciation provenant du monde entier.

GREEK ORTHODOX ANNOUNCIATION CHURCH

Cette église est aussi appelée Saint Gabriel Church ou Mary's Well Church. Pour les orthodoxes, Marie aurait reçu l'Annonciation de l'ange Gabriel alors qu'elle puisait de l'eau au puits et non pas lorsqu'elle était chez elle. L'église, construite au XVIIe siècle sur le site de précédentes églises, se trouve à 10 minutes de marche au nord-est de la basilique. La jolie crypte abrite la source qui alimente le puits voisin.

MOUNT OF PRECIPICE

Il s'agit du mont du Précipice (alt. 395 m) où, selon la Bible, les habitants de Nazareth auraient voulu jeter Jésus du haut de la falaise après que celui-ci eut prêché à la synagogue (Luc 4 : 16-30). Son nom officiel est Mount Kdumim. En 2009, le pape Benoit XVI y donna une messe qui réunit plus de 40 000 personnes. Belle vue sur Nazareth et sur la vallée de Jezréel et les montagnes avoisinantes.

OLD CITY MARKET

Il serait dommage de traverser Nazareth sans visiter son souk coloré. Par le passé, ce marché était divisé en plusieurs parties : marché des épouses, marché des légumes, marché des rétameurs, marché des charpentiers....

SAINTJOSEPH'S CHURCH – ÉGLISE SAINT-JOSEPH OU DE LA NUTRITION

Située juste au nord de la basilique de l'Annonciation, à l'endroit présumé de l'atelier du charpentier Joseph. L'église actuelle a été construite en 1914, sur les ruines de plusieurs autres édifices, dont celles d'une église croisée du XIIe siècle.

© MIKHAIL MARKOVSKIY – FOTOLIA

Intérieur de la basilique de l'Annonciation.

Ville
Village
Parc et réserve
Divers
Route principale
Route régionale
Route locale
N
0
10 km
LIBAN
SYRIE
METULLA
Nahal Ayun
Misgav'Am
Kefar Yuval
Kefar Gil'adi
KIRYAT SHMONA
Manara
Mts. Naftali
Ha Goshirim
Bet Hillel
Sede Nehemya
Kefar Blum
El Ajar
Tel Dan
Dafna
Hurshat Tal
She'ar Yashuv
Barrage de Sénir
Kefar Szold
Shamir
Lehavot Habashan
Gonen
Jourdain
Banias
Nimrod Forteresse
Nahal Hermon
Mts. Hermon
Si'on
Ski Resort
Newe Ativ
Maydal Shams
Mas'ada
Barrage de Berekhat
Buq'ata
Mt Hermonit 1211 m.
El Rom
PLATEAU DU GOLAN
Berukim
Sha'al
Mt Avital 1204 m.
'En Ziwan
Oretal
Allone HaBashan
Gilbon
Qidmat Zvi
QATZRIN
Zavitan
Meshushim
Mt Peres
Yiftah
Malkiyya
Avivim
Réserve de Hula
Hulata
Sede Eliezer
Tel Hazor
Ayyelet HaShalar
Gadot
Mahanayim
HAZOR HAGELILIT
Alma
Dalton
Jish
Qadita
Bar Yohay
Meron
Keziv
Ziv'on
Sasa
Dovev
Zar'it
Even Menaham
Sarakh
Netu'a
Elqosh
Zuri'el
Hosen
98
99
90
91
87
89
999
686
918
977
978
959
886
899

Galilée et Golan

■ **WELL OF MARY – PUITS DE MARIE**

C'est ici que, selon la tradition orthodoxe, l'ange Gabriel serait apparu à la Vierge Marie. L'eau du puits aurait des propriétés guérisseuses.

■ **WHITE MOSQUE (MOSQUÉE BLANCHE)**

La mosquée El-Abyad, ou mosquée blanche, fut la première mosquée construite à Nazareth, en 1812.

Hoshaya

Situé à environ 10 km au nord de Nazareth, Hoshaya (ou Hosha'Aya) est le lieu d'implantation d'une petite communauté depuis 1980. On y trouve Kfar Kedem (l'ancien village), un lieu à vocation essentiellement touristique où le visiteur se retrouve propulsé dans la vie quotidienne telle qu'elle était à l'époque biblique.

Basilique de l'Annonciation.

■ **KFAR KEDEM**

Kedem est une expérience unique qui vous permettra de découvrir et, surtout, de mettre en pratique la manière de vivre des Juifs de l'époque biblique. Pour vous mettre dans l'ambiance, vous commencerez votre visite en revêtant un costume d'époque. Ensuite, tout en écoutant les explications de votre guide, vous apprendrez à traire une chèvre, à faire du pain, du fromage, ou encore de l'huile d'olive, à l'ancienne. Vous pourrez aussi monter sur un âne et tenter de le diriger. A la fin de votre visite, un pigeon vous sera remis. Relâchez-le une fois arrivé à votre prochaine destination ; il rapportera à Kfar Kedem le message que vous aurez écrit et glissé dans sa bague. Ceux qui voudront pousser l'expérience plus loin pourront dormir dans une grande tente bédouine sur le site. Qu'ils s'attendent à être réveillés par le chant du coq...

Mount Tabor

Situé à une quinzaine de kilomètre à l'est de Nazareth, haut de 588 mètres et isolé au milieu de la plaine, le mont Tabor fait plus particulièrement partie de l'Histoire pour les religions juive et chrétienne. On y trouve plusieurs monuments religieux, dont la basilique de la Transfiguration, un monastère et quelques vestiges. La vue sur les alentours y est superbe.

■ CHURCH OF THE TRANSFIGURATION – BASILIQUE DE LA TRANSFIGURATION

C'est au sommet du mont Thabor, qui domine la Basse Galilée à 600 mètres d'altitude, que les chrétiens voient le lieu de la Transfiguration (changement d'apparence du Christ pour révéler sa nature divine). L'événement est commémoré par cette basilique, appelée également église de la révélation, édifiée en 1924 par des franciscains sur les vestiges d'anciennes églises.

Tsipori

Le Moshav Tsipori (ou Zippori) est installé à l'emplacement de la ville antique du même nom (Zipporis ou Sepphoris), à environ 10 km au nord-ouest de Nazareth.

■ ZIPPORI NATIONAL PARK

Zippori fut fondée par les Asmonéens au IIe siècle av. J.-C. La ville fut ensuite prise par les Romains, en 63 av. J.-C., et devint la capitale de la Galilée sous le règne d'Hérode. Par la suite, elle fut occupée par les Arabes, puis par les croisés, qui y ont construit une place forte. Le site conserve les ruines de la ville romaine, principalement un amphithéâtre et des vestiges d'installations hydrauliques (citernes, aqueduc). Les fouilles ont également permis de dégager de magnifiques mosaïques byzantines, dont l'une a été surnommée la « Mona Lisa de la Galilée ».

Bet She'an

Située sur la route entre Jérusalem et Tibériade, à une trentaine de kilomètres au sud de cette dernière, la ville de Bet She'an en elle-même, une agglomération d'environ 15 000 habitants, présente peu d'intérêt, mais le site archéologique qu'elle abrite est l'un des plus intéressants du pays. Le site Bet She'an était déjà habité plus de 3000 ans av. J.-C. C'était un point stratégique, situé dans une vallée fertile, au croisement d'importantes routes commerciales. A la fin de l'âge du bronze, à partir du XVe siècle av. J.-C., c'était déjà une ville importante et un centre administratif de l'Empire égyptien. La Bible mentionne Bet She'an comme l'une des villes cananéennes qui ne fut pas conquise par les Israélites sous la conduite de Josué (Josué 17 : 11-12 ; Juges 1 : 27). Bet She'an est à nouveau citée après la défaite de l'armée israélite du roi Saül, vaincue par les Philistins sur le mont Guilboa (au sud de la ville), lorsqu'ils empalèrent les corps du roi et de ses fils sur les murailles de la ville (I Samuel 31 : 10-12). Bet She'an connut son apogée durant les périodes romaine et byzantine. La ville fut alors rebaptisée « Scythopolis », ou « ville des Scythes », et c'est de cette période que date la majorité des ruines que l'on peut voir aujourd'hui. Au début de la domination arabe, Bet She'an déclina avant d'être détruite par un tremblement de terre, en 749. Au XIIe siècle, une petite forteresse fut construite ici par les croisés, mais la ville ne fut jamais reconstruite. Par la suite, il ne subsista qu'un petit village arabe dont la majorité de la population prit la route de l'exil en 1948.

■ BET SHE'AN NATIONAL PARK

Les fouilles effectuées sur le site ont permis la mise au jour des traces d'une ville bâtie 3 000 ans av. J.-C., et sur les fondations de laquelle dix-huit autres ont été érigées successivement. On y voit surtout des ruines romaines dont celles d'un amphithéâtre très bien préservé qui pouvait accueillir 6 000 spectateurs (celui-ci se trouve un peu à l'écart du site principal), une voie à colonnades, un temple, une basilique, un nymphée, des thermes byzantins, un autre théâtre…

Nir David

A une dizaine de kilomètres à l'est de Bet She'an, le kibboutz Nir David est aussi connu sous le nom de Tel Amal, son appellation d'origine. Fondé en décembre 1936, c'était le premier kibboutz de la vallée de Bet She'an et, surtout, le tout premier de ce genre, qui consistait en une tour de surveillance et un mur d'enceinte fortifié. Cette structure était destinée à protéger les habitants du kibboutz des attaques arabes. Par la suite, durant les révoltes arabes (1936-1939), ce mode de construction s'étendit à l'ensemble des kibboutzim. Le Gan HaShlosha National Park et le Gan Guru (kangourou) – Australian Park, constituent sa partie ouest et un lieu de détente assez prisé.

■ GAN HASHLOSHA NATIONAL PARK (SACHNE)

Un endroit superbe où une source forme plusieurs bassins naturels où l'on peut se baigner. A l'intérieur du parc, deux sites sont également à visiter.

▸ **Spring Water.** L'eau (à 28° C toute l'année) est limpide, la végétation luxuriante, et un vieux moulin à vent et une petite cascade ajoutent au charme du lieu. Idéal pour faire un break ou pour passer la journée. Barbecues à disposition.

▸ **Regional Mediterranean Archaeological Museum.** Ce musée abrite une collection de vases, poteries, statuettes, bijoux... légués par les civilisations grecque, romaine, perse et étrusque. Vous pourrez également y voir des objets découverts dans la région remontant jusqu'au néolithique.

▸ **Tower and Stockade Site.** Vous verrez ici une reconstitution de la tour de surveillance, des baraquements et des barricades tels qu'ils ont été édifiés en 1936, afin de protéger Tel Amal (le nom que portait le kibboutz) lors de la révolte arabe. Projection d'un film de 10 minutes sur l'histoire de cette révolte (1936 à 1939).

Heftziba

Le kibboutz Heftziba a été fondé en 1922 par des immigrants tchécoslovaques et allemands. On y trouve l'ancienne synagogue de Bet Alfa.

■ BEIT ALFA SYNAGOGUE NATIONAL PARK

Sur ce site ont été découverts les vestiges d'une synagogue du VIe siècle av. J.-C., décorée de très belles mosaïques représentant l'Arche sainte, le sacrifice d'Abraham et des symboles du Zodiaque.

Belvoir

Belvoir est une superbe forteresse croisée classée, à juste titre, comme parc national. Parmi les vestiges on trouve également des ruines d'anciens villages arabes et juifs.

■ BELVOIR (KOKHAV HAYARDEN) NATIONAL PARK

Ce site archéologique est situé à l'extrémité orientale du plateau d'Issachar (plateau de Kokhav). On y trouve des vestiges archéologiques de différentes époques, dont les ruines d'une magnifique forteresse de l'époque des Croisades. Edifiée en 1168 par les hospitaliers, la citadelle surplombait la vallée du Jourdain. L'édifice ne vécut cependant pas plus d'une vingtaine d'années : Saladin en fit le siège en 1189 avec succès, et il fut bientôt démantelé. Les fortifications sont relativement bien conservées mais on viendra surtout pour la belle vue sur la vallée de Jezréel.

Tiberias

Tibériade (Tiberias) est une ville de près de 40 000 habitants marquée par la présence d'une importante communauté ultra orthodoxe. Outre les nombreux sites bibliques autour du lac (Sea of Galilee), la ville est parsemée de tombeaux de rabbins célèbres qui ont fait d'elle la quatrième ville sainte du judaïsme. Le tourisme est ici essentiellement religieux ou tourné vers la balnéothérapie, du fait de la présence de nombreuses sources d'eau chaude.

Histoire

Tibériade a été fondée en l'an 18 av. J.-C., par Hérode Antipas, fils d'Hérode le Grand, et qui l'a baptisée ainsi en l'honneur de l'empereur Tibère. Après la révolte contre les Romains, menée par Simon Bar Kokhba (132-135), les Juifs furent chassés de Jérusalem, et Tibériade devient alors le centre de la vie juive en Terre sainte.

Lac de Tibériade.

C'est ici que s'installa le Sanhédrin – la plus haute autorité religieuse – et que fut en grande partie rédigé le Talmud. Tibériade restera la véritable capitale du judaïsme jusqu'à la conquête arabe : avant cette dernière, la population de la ville atteignait 40 000 habitants, ce qui en faisait une cité aussi étendue qu'à l'heure actuelle. Les croisés prirent la ville en 1099 et y construisirent une forteresse. Saladin s'en empara en 1187, après la défaite des croisés à Hattin, près du lac de Tibériade. La ville commença alors à décliner et subit plusieurs tremblements de terre. Au XVIe siècle, pendant la période ottomane, Doña Gracia, une marrane (juive espagnole convertie au catholicisme), reçut Tibériade et les villages avoisinants en cadeau de l'empereur Suleyman le Magnifique. Elle fit restaurer la ville, y construisit une yeshiva (école talmudique) et encouragea les Juifs espagnols fuyant l'Inquisition à s'y installer. Son neveu, Jospeh Nassi (1524 –1579), qui gouverna la ville en 1561, deviendra l'un des précurseurs du sionisme. Aux XVIIIe et XIXe siècles, de nombreux rabbins vivaient à Tibériade devenu un important centre d'enseignement juif. Mais en 1837, la ville fut à nouveau démolie par un violent tremblement de terre. Reconstruite, Tibériade commença à attirer les immigrants sionistes. En 1948, lorsque le mandat britannique prit fin, la ville était majoritairement juive. A l'issue de la guerre d'Indépendance, elle sera intégrée à l'Etat d'Israël, tandis que l'autre rive du lac restera syrienne jusqu'en 1967.

■ HAMAT TVERYA NATIONAL PARK

A cet endroit se trouvent pas moins de dix-sept sources atteignant 60 °C. Depuis l'Antiquité, celles-ci sont réputées pour leurs vertus thérapeutiques. Aujourd'hui, elles font partie d'un parc national où vous pourrez découvrir l'histoire du site. On y trouve notamment les restes d'une synagogue construite entre le IIIe et le Ve siècle, dont on peut encore voir le sol en mosaïque. Le Hammam Suleiman Museum se trouve à l'entrée du site.

■ QUARTIER HISTORIQUE

Dona Gracia
Au nord du centre ville. Accès à pied proche du carrefour de HaYarden et HaBanim.
Il s'agit de parcourir Dona Gracia, la rue la plus pittoresque de Tibériade qui s'étire sur quelque 250 mètres, avec ses restes de l'ancien mur d'enceinte, ses bâtiments ottomans, ses jardins et ses galeries d'art.

Lac de Tibériade

Situé sur le cours du Jourdain, à 200 m en-dessous du niveau de la mer, le lac de Tibériade (ou mer de Galilée – Sea of Galilee ou encore Kinneret, en hébreu), mesure 160 km² (environ 20 km du nord au sud, et 10 km d'est en ouest). Contrairement à celle de la mer Morte, son eau est douce. Selon le *Nouveau Testament*, c'est au bord du lac de Tibériade que le Christ a converti ses premiers disciples et qu'il a accompli nombre de miracles : la marche sur les eaux, la pêche miraculeuse et la multiplication des pains, la guérison d'un aveugle. Ces sites s'étendent sur les parties nord-ouest et nord du lac.

■ CHURCH OF BEATITUDES – ÉGLISE DES BÉATITUDES

Jésus aurait ici prononcé le fameux prêche : « Bienheureux les pauvres... » rapporté par Matthieu et Luc. Sur le site, une église de style néo-Renaissance a été construite en 1937. Elle est coiffée d'un cylindre octogonal, rappelant les Huit Béatitudes, et d'un dôme dressé au-dessus de la chapelle principale. Autour de l'autel, le sanctuaire est entouré d'un déambulatoire aux arches en plein air.

■ CHURCH OF THE MULTIPLICATION – ÉGLISE DE LA MULTIPLICATION DES PAINS ET DES POISSONS

Un sanctuaire, dont il ne reste que les belles mosaïques au sol, a été édifié ici dès le IVe siècle. L'actuelle basilique date de 1982. Elle est censée inclure la pierre où Jésus posa les cinq pains et les deux poissons.

■ CHURCH OF THE PRIMACY OF ST. PETER – CHAPELLE DE LA PRIMAUTÉ DE PIERRE

Cette chapelle, également appelée Mensa Domini Church, se dresse sur le site où, selon la tradition chrétienne, Jésus confia la direction de son Eglise à saint Pierre.

■ DOMUS GALILAE

Domus Galilae ou House of Galilee est située sur le mont des Béatitudes. Derrière son architecture très moderne se trouve un important lieu de rassemblement et de séminaires pour la communauté chrétienne. On y trouve un monastère, une chapelle, des salles de réunion et une infrastructure adaptée à l'hébergement de groupes. L'ensemble a été inauguré par le pape Jean-Paul II lors de sa visite en Israël en 2000, seulement un an après la pause de la première pierre. On peut s'y arrêter pour admirer l'ampleur du bâtiment mais l'endroit n'est pas vraiment destiné aux visites individuelles.

■ RACHEL'S GRAVE

La tombe de la poétesse Rachel Bluwstein, dite Rachel, se trouve dans le cimetière du kibboutz de Kinneret. Née en Russie le 20 septembre 1891, elle immigra en Palestine en 1909 où elle commença à écrire des poèmes en hébreu. Elle vécut dans les kibboutzim de Kinneret et Degania où elle travailla la terre. Elle mourut de la tuberculose le 16 avril 1931, à l'âge de 41 ans, seule à Tel-Aviv, après avoir été expulsée du kibboutz de Degania par peur de la contagion. Ses poèmes dans lesquels elle exprime son amour pour la terre d'Israël sont très populaires.

Bienvenue au lac de Tibériade.

© ANTOINE RICHARD

Une vue du lac de Tibériade depuis le village d'Arbel.

Rachel a été choisie en 2011 comme un des quatre grands poètes dont le portrait devrait figurer sur les prochains billets de banque israéliens. Les trois autres étant Leah Goldberg (1911-1970), Shaul Tchernichovsky (1875-1943) et Nathan Alterman (1910-1970).

■ YARDENIT BAPTISMAL SITE

Situé là où les eaux reconstituent le Jourdain, Yardenit est un lieu de baptême sacré pour les pèlerins chrétiens. Chaque année, plus d'un demi-million de personnes le visitent. Notez qu'il ne s'agit pas du site présumé du baptême de Jésus (nommé Qasr el Yahud), qui se trouve à la frontière avec la Jordanie, 110 km au sud, près de Jéricho.

■ YGAL ALLON CENTER

Ygal Allon Center est un musée consacré à « l'Homme en Galilée ». La pièce maîtresse en est le reste d'un bateau de pêche datant de l'époque du Christ. Long d'un peu plus de 8 m, il a été découvert en 1986 suite à une baisse du niveau de l'eau du lac et est extrêmement bien conservé.

Safed

Au nord-ouest du lac de Tibériade, Safed (ou Zefat, Tsfat, Zefad) est une charmante cité de 27 000 habitants, au riche héritage historique. Perchée à 800 m d'altitude au sommet d'une colline, c'est la plus haute ville d'Israël. Elle offre des vues splendides et attire les touristes ainsi que les pèlerins juifs qui viennent s'y recueillir sur les tombes des rabbins du XVIe siècle et visiter les anciennes synagogues. Safed est l'une des quatre villes saintes du judaïsme avec Jérusalem, Hébron et Tibériade, et est un centre d'étude de la Kabbale (tradition mystique juive). C'est aussi un centre artistique, avec son dédale d'anciennes ruelles pavées, bordées de galeries, où il fait bon flâner pendant une journée ou plus. Comme dans d'autres villes religieuses du pays, Shabbat est suivi avec conviction par une large partie de la population (estimée à 35 d'orthodoxes et 20% d'ultra orthodoxes). Il vous sera difficile de trouver quelque chose d'ouvert, voire de circuler en véhicule, du vendredi en fin d'après-midi au samedi soir.

Histoire

Selon la tradition, Safed aurait été fondée par Sem, l'un des trois fils de Noé. A l'époque romaine, elle est mentionnée comme une cité fortifiée par l'écrivain Flavius Josèphe (Ier siècle). En 1140, les croisés y bâtirent une importante forteresse pour contrôler la route de Damas. Celle-ci fut détruite par Saladin, reconstruite par les Templiers, puis à nouveau détruite par les Mamelouks en 1266. Aux XVe et XVIe siècles, de nombreux juifs séfarades fuyant l'Inquisition en Espagne s'y installèrent et firent de la ville le principal centre des études kabbalistiques. La cité fut prospère, de nombreuses écoles religieuses et synagogues y furent bâties, et on y fonda la première imprimerie du Moyen-Orient en 1578. La communauté juive atteint près de 10 000 habitants. Cependant, à partir du XVIIe siècle, avec la disparition des maîtres de la Kabbale et une situation économique difficile, la ville commença à décliner. Après un premier tremblement de terre qui toucha toute la région en 1759, Safed fut rasée par un second tremblement en 1837. Plusieurs milliers de personnes perdirent la vie. Dans les années 1920-1930, les tensions entre les populations juive et arabe devinrent de plus en plus fréquentes, et furent ici particulièrement violentes. En 1948, les forces israéliennes parvinrent à s'emparer de Safed, point stratégique en Galilée de par sa situation en altitude, et la population arabe la déserta. Dès 1951, les anciennes maisons arabes ainsi que la mosquée furent transformées en galeries d'art. Depuis, Safed a regagné en popularité et est redevenue un centre d'études juives ainsi qu'un lieu de tourisme.

■ ARTIST'S QUARTER

Le quartier des artistes abonde en galeries. La majorité des boutiques se trouvent dans la rue Beit Yoseph, dans la vieille ville. Vous y verrez notamment des œuvres de micro-calligraphie, une forme d'art qui s'est développée à Safed et qui consiste à dessiner des paysages en utilisant des textes bibliques écrits en tout petits caractères.

■ CITADEL OF SAFED

Autrefois située au sommet de la colline, il ne reste rien, ou très peu, de l'importante citadelle des croisés qui dominait Safed au XIIIe siècle. Elle fut très endommagée au cours du dernier tremblement de terre qui ébranla la ville en 1837, puis démembrée par les habitants qui utilisèrent ses matériaux pour reconstruire les habitations. On ne viendra donc ici que pour avoir une belle vue sur la ville.

■ **OLD JEWISH QUARTER**

Ce quartier prévaut pour ses nombreuses synagogues. Leurs noms commémorent la mémoire des grands rabbins kabbalistes qui firent la renommée de Safed au XVIe siècle. La plupart remontent à cette époque, et leur architecture épurée reste admirablement conservée, malgré le tremblement de terre de 1837. Leurs bibliothèques renferment des manuscrits calligraphiés et enluminés de grande valeur, mais qui sont rarement présentés aux visiteurs. Pour visiter les synagogues, les femmes doivent se couvrir les épaules et porter un pantalon ou une jupe longue. Pour les hommes, des kippas sont disponibles à l'entrée. On peut prendre des photos, sauf le jour de Shabbat. Des explications en anglais se trouvent devant chaque synagogue. Voici quelques-uns de ces édifices :

- **Les synagogues Ha'Ari Ashkenazi et Ha'Ari Sephardic** ont toutes deux été construites en mémoire du Ari (Rabbi Isaac Luria), une des figures majeures de la Kabbale qui vécut au XVIe siècle. La première abrite une arche sculptée en bois d'olivier.

- **La synagogue Abuhav**, datant du XVIe siècle a, quant à elle, été nommée ainsi en mémoire du rabbin espagnol Yitzhak Abuhav qui vécut au XVe siècle. C'est une des plus belles synagogues du pays.

- **La synagogue Caro**, au milieu des galeries d'art, mérite aussi une visite. Elle porte le nom du rabbi Joseph Caro, autre figure majeure de la Kabbale au XVe siècle.

La Haute-Galilée

La Haute-Galilée est une bande montagneuse et verdoyante, entre le lac de Tibériade au sud et la frontière libanaise au nord, bordée à l'est par la partie la plus haute de la vallée du Jourdain. De l'autre côté du fleuve, s'élèvent les montagnes encore plus hautes du Golan, ancien territoire syrien qu'Israël occupe depuis 1967. De nombreux kibboutzim ont été créés, ainsi que des réserves naturelles, idéales pour la randonnée. Depuis plusieurs années, la région a également développé la pratique des sports d'aventure : escalade, rafting, équitation, VTT…

Rosh Pina

Rosh Pina, dont le nom signifie « pierre d'angle », est une ville moderne de 2 500 habitants, qui s'étend le long de la route n°90 vers la vallée de la Hula. Sa visite ne vaut que pour sa partie haute, un petit village bohème aux ruelles bordées de maisons en pierre enfouies sous les dahlias et les bougainvilliers. Dès 1882, des Juifs roumains s'y sont installés, formant ainsi la première vraie implantation juive en Galilée. Aujourd'hui, outre des ateliers d'artistes, le vieux village abrite plusieurs boutiques, quelques restaurants et de nombreuses maisons d'hôtes de luxe, souvent pleines de charme mais aux prix assez élevés.

Hazor

■ **TEL HAZOR NATIONAL PARK**

Sur ce site ont été dégagés les vestiges d'une cité cananéenne, mentionnée dans des textes égyptiens dès le XIXe siècle av. J.-C. et qui fut florissante jusque vers le XIIIe siècle. La plupart des objets mis au jour à l'occasion des fouilles sont exposés dans un petit musée à l'entrée du kibboutz Ayelet HaShahar en face du parc, ouvert de 8h à 17h du dimanche au jeudi et jusqu'à 15h le vendredi.

Hula Valley

Cette région marécageuse de la haute vallée du Jourdain a été en grande partie asséchée et ainsi rendue habitable par l'homme, au détriment de nombreuses espèces animales, qui doivent aujourd'hui se cantonner dans un espace restreint : 3 km² de marais restés intacts ont été déclarés réserve naturelle en 1964. Ils abritent des milliers d'oiseaux ainsi que de nombreuses plantes aquatiques.

■ HULA NATURE RESERVE

Ce fut la première réserve naturelle d'Israël, officiellement ouverte en 1964. La visite se fait à pied, sur les différents sentiers aménagés. Vous y trouverez des observatoires, et des jumelles vous seront gracieusement prêtées pour que vous puissiez observer la faune locale, particulièrement abondante en hiver, avec d'innombrabloo oormorano, hóronc et canards de toutes espèces, venus du nord. D'autres oiseaux migrateurs, comme les pélicans, descendent plus au sud et se contentent de faire ici une brève halte au cours de leur migration, à l'automne. Il y a aussi un intéressant Visitor Center qui présente la faune locale.

Qiryat Shemona

Cette ville de 22 000 habitants est située près de la frontière libanaise. Son nom signifie « ville des huit », en souvenir des 8 pionniers juifs tués à Tel Hai en 1920, parmi lesquels se trouvait la grande figure sioniste Joseph Trumpeldor. Par la suite, sa proximité avec la frontière libanaise valut à Kiryat Shmona d'être souvent la cible de roquettes tirées par le Hezbollah.

■ BEIT HASHOMER MUSEUM

Ce petit musée s'intéresse à l'histoire des premiers régiments sionistes dans l'armée britannique, pendant la Première Guerre mondiale.

■ HURSHAT TAL NATIONAL PARK

La principale attraction de ce parc national est le grand bassin naturel formé par les eaux de la rivière et où l'on pourra se baigner. Il est aussi réputé pour ses chênes centenaires. La réserve est particulièrement jolie au printemps, lorsque les fleurs recouvrent le sol. On y trouve un camping.

© ANTOINE RICHARD

Étal d'un marchand de fruits séchés.

Metula

Située à la frontière libanaise, c'est la localité la plus septentrionale d'Israël. Créé en 1896 par le baron Edmond de Rothschild, Metula est un charmant village situé sur une chaîne de collines regardant le Hermon et surplombant les plaines vertes de la Galilée. A proximité se trouve « The Good Fence », la « bonne barrière », qui, comme le dit le proverbe, « fait les bons voisins ». Celle-ci marque la frontière avec le Liban et est refermée depuis le retrait des troupes israéliennes du Sud-Liban en 2000. Metula abrite plusieurs hôtels et maisons d'hôtes dont la plupart se situent autour de la rue Harishonim, en haut de la ville, qui a conservé d'anciennes maisons de pierre. Un petit musée agricole y raconte l'histoire du village. A l'ouest du village, se dresse une colline de 615 m d'altitude où un observatoire offre une vue panoramique sur les environs et le Sud-Liban.

■ NAHAL AYUN NATURE RESERVE

Cette réserve naturelle tient son nom du Nahal Ayun, l'affluent du Jourdain qui la traverse. Comptez environ 2 heures de marche pour faire le tour des quatre chutes d'eau de la réserve, dont la plus belle fait plus de 30 m de haut. Trois observatoires aménagés permettent de voir les oiseaux. On peut également faire une balade plus courte, d'environ 30 min, à partir du parking d'en bas, qui vous permettra de voir la grande chute et un observatoire. Une agréable promenade.

Le Golan

Situé à l'est du Jourdain, à la frontière syrienne, le plateau du Golan est une région montagneuse dont la roche basaltique résulte d'une éruption volcanique très ancienne. Avec ses parcs naturels, ses cascades sauvages et ses superbes paysages, il constitue un paradis pour les amoureux de nature.

En 1967, lors de la guerre des Six Jours, Israël s'empara de ce territoire syrien. Lors de la guerre du Kippour de 1973, l'armée syrienne parvint à reconquérir une importante partie du Golan avant de reculer devant Tsahal. L'annexion de cette région de 1 176 km² dans le giron de l'Etat hébreu a eu lieu le 14 décembre 1981 et n'a jamais été reconnue par la communauté internationale.

Aujourd'hui, le Golan compte environ 20 000 habitants juifs, répartis principalement dans les kibboutzim spécialisés dans l'agriculture ainsi que dans la seule ville de la région : Qatzrin. A cela s'ajoutent 20 000 Druzes répartis dans plusieurs villages, dont le plus grand est Majdal Chams, ainsi que 3 000 musulmans. Outre sa position stratégique sur le plan militaire, le Golan présente un autre atout de taille : son eau. Plusieurs affluents du Jourdain y trouvent leur source, et 35 % de l'alimentation en eau du pays provient de cette région.

Dan

Le kibboutz Dan a été fondé en 1939 par des fermiers juifs venus de Transylvanie. Il est à proximité de deux sites archéologiques également classés comme réserves naturelles : le Tel Dan Nature Reserve et le Hermon Stream Nature Reserve, plus connu sous le nom de Banias.

■ HERMON STREAM (BANIAS) NATURE RESERVE

Située au pied du mont Hermon, cette réserve naturelle abrite la Nahal Banias. Cette source, qui est l'une des principales sources du Jourdain avec la Nahal Dan, forme quelques kilomètres plus loin une impressionnante cascade de 33 m de haut. A proximité de la source, on trouve une grotte qui servait autrefois de temple en l'honneur du dieu grec Pan, d'où son premier nom : Paneas ou Paneas, transformé en Banias ou Baniays. Le site comporte également des ruines romaines, du temps où se dressait ici la ville de Caesarea Philippi. La meilleure saison pour admirer la cascade est le printemps, lors de la fonte des neiges.

■ TEL DAN NATURE RESERVE

La réserve naturelle de Tel Dan protège le Nahal Dan, l'une des sources les plus importantes du Jourdain avec le Nahal Banias. L'humidité favorise une végétation dense. Les visiteurs pourront se baigner dans les bassins naturels formés par le cours d'eau. L'endroit constituait autrefois la limite nord du royaume d'Israël. On pourra y voir les vestiges de la cité de Leshem, ville cananéenne et centre religieux des tribus païennes du Nord, où un veau d'or aurait été vénéré. On y a trouvé une stèle de basalte noir datant du IXe siècle av. J.-C., dite « stèle de Tel Dan », qui contient une inscription en araméen. Celle-ci mentionne la victoire du roi Hazael, roi de Damas, sur le roi des Hébreux ou de la « maison de David ». Il s'agit de la première identification du roi David sur un site archéologique. Le site est difficilement accessible sans véhicule.

Neve Ativ

Neve Ativ est un moshav fondé en 1972. Il est situé à quelques kilomètres seulement de la forteresse de Nimrod et idéalement placé sur la route du mont Hermon et de sa station d'altitude.

■ NIMROD FORTRESS

Surplombant la route 989, les ruines du château de Nimrod dominent toute la région. Construite au XIe ou au XIIe siècle, sans doute par les croisés, la forteresse dominait la route reliant la Galilée à Damas. Elle changea de mains à de nombreuses reprises, avant d'être finalement détruite au XVIIIe siècle par un tremblement de terre. Son nom lui vient du personnage biblique Nimrod (Genese X : 8-9) qui, selon la tradition, vécut sur ce sommet. Aujourd'hui, c'est un lieu isolé, battu par le vent, à l'atmosphère un peu magique, et offrant de superbes vues sur la vallée.

Mount Hermon

Situé au nord-est du Golan, à cheval sur Israël, la Syrie et le Liban, le mont Hermon culmine à 2 800 m. Il appartient, pour ses faces ouest et sud, à Israël depuis sa conquête à l'issue de la guerre des Six Jours. Il accueille la seule station de ski du pays, ouverte toute l'année pour de multiples activités.

Mount Bental

Le mont Bental est un ancien volcan qui culmine à 1 165 m d'altitude. Il offre de très belles vues, notamment sur la Syrie, le Liban et le mont Hermon.

Qatsrin

La petite ville de Qatsrin (ou Qatzrin), qui compte 6 500 habitants, est la capitale économique et administrative du Golan. La ville, initialement prévue pour accueillir 25 000 habitants, fut fondée en 1977 et bâtie en forme de papillon, le corps étant le centre commercial et les ailes les quartiers résidentiels. Néanmoins, Qatsrin n'a jamais vraiment pris l'envol qu'espéraient ses fondateurs, et l'originalité du projet ne peut s'apprécier que depuis le ciel. La ville n'est pas très jolie mais offre néanmoins quelques points d'intérêt, dont un musée archéologique, un visitor center attractif et la « Golan Heights Winery », qui produit des vins de renommée internationale.

■ ANCIENT KATZRIN PARK

Mises au jour dans les années 1970-1980, les ruines de l'ancien Qatzrin ont été restaurées dans ce petit parc agréable. On pourra notamment voir une synagogue du IIIe siècle et plusieurs maisons reconstruites où sont exposés d'anciens ustensiles domestiques et outils agricoles. Une présentation audiovisuelle peut être projetée sur demande.

■ GAMLA NATURE RESERVE

Les ruines éparses des fortifications de Gamla ont été découvertes au cours de la guerre des Six Jours. La ville tire son nom du mot hébreu « gamal », ou chameau, en référence à la colline sur laquelle elle est située, qui évoque la forme d'une croupe de chameau. On appelle ce site la Massada du Nord : en 67 apr. J.-C., 5 000 de ses habitants se jetèrent dans le vide plutôt que de se rendre aux Romains. Cet épisode ainsi que le siège de sept mois qui le précéda furent relatés par l'écrivain juif Flavius Josèphe. Pour atteindre les ruines, il vous faudra suivre un chemin qui grimpe à flanc de colline. A l'entrée du site se trouvent les restes d'une synagogue du Ier siècle, l'une des plus anciennes qui aient été découvertes. Le site de Gamla est aussi réputé pour les nombreux vautours qui y ont installé leur nid sur les falaises. Enfin, le parc abrite la plus haute cascade d'Israël (50 m) que vous pourrez atteindre par un chemin qui passe à proximité de plusieurs dolmens construits par des nomades qui peuplaient le Golan il y a 4 000 ans.

■ YEHUDIYA FOREST NATURE RESERVE

Située entre Gamla et Qatzrin, la superbe réserve boisée de Yehudiya fera le bonheur des randonneurs de tous niveaux. Certaines des randonnées s'adressent aux plus sportifs, avec des descentes en rappel ou de la nage. Quelle que soit votre expérience, restez toujours sur les chemins balisés.

Territoires palestiniens

Les Territoires palestiniens ce sont plus de 6 000 km², dont 5 900 km² de Cisjordanie (dont fait partie Jérusalem-Est) et 380 km² dans la bande de Gaza, conquis par les Israéliens lors de la guerre des Six Jours en 1967. La limite entre ces territoires et Israël est appelée « ligne verte » et résulte des accords d'armistice israélo-arabes de 1949. A l'issue de la guerre des Six Jours, Israël a repris le contrôle de ces territoires à leurs précédents occupants égyptiens et jordaniens, puis y a implanté des colonies civiles (illégales selon les Conventions de Genève). Grâce aux accords d'Oslo de 1993, la majeure partie de la bande de Gaza et les principales villes de Cisjordanie (mais qui ne constituent qu'une petite partie des 5 900 km² toujours revendiqués par les Palestiniens) ont accédé à une certaine autonomie : ce sont les Territoires autonomes palestiniens. Israël continue cependant d'en contrôler et d'en fermer les accès et y mène souvent des opérations militaires (éliminations ciblées, destruction de maisons et d'infrastructures). Ces territoires sont donc toujours sous occupation israélienne, et l'Autorité palestinienne n'y exerce qu'un contrôle très limité. Cela dit, le bouclage quasi permanent que subissent les Territoires palestiniens ne vise que les Palestiniens. En tant que ressortissant européen, vous n'aurez a priori aucune difficulté à vous rendre dans les Territoires, à ceci près que vous ne pourrez y faire abstraction d'une certaine tension.

Les Territoires offrent beaucoup à voir, aussi bien dans les villes arabes que dans les collines de Cisjordanie. Il y a aussi, surtout, des gens à y rencontrer. Dommage que la situation actuelle ne permette pas à la majorité des touristes de les explorer en profondeur. L'office du tourisme israélien déconseille toute visite dans les Territoires en dehors d'une excursion organisée par un tour-opérateur.

La Cisjordanie

La Cisjordanie constitue la plus grande partie des Territoires palestiniens (5 879 km²). Elle est occupée par Israël depuis la guerre des Six Jours et le retrait de l'armée jordanienne en 1967. Le terme « Cisjordanie » est apparu après 1948, en rapport à ce que l'on appelait encore à l'époque la Transjordanie (actuelle Jordanie), qui avait annexé ce territoire après la première guerre israélo-arabe. Les anglophones, quant à eux, emploient plutôt le terme « West Bank », tandis que certains Israéliens préfèrent utiliser les mots « Judée-Samarie », en référence aux appellations bibliques de ces terres. La frontière entre l'Etat d'Israël et la Cisjordanie n'est pas clairement définie et, si l'on se base encore souvent sur « la ligne verte » résultant des accords d'armistice de 1949, la réalité est aujourd'hui bien différente.

En effet, l'implantation de nombreuses colonies juives de peuplement et la construction d'axes routiers (interdits aux Palestiniens) pour les relier entre elles ont morcelé le territoire... rendant encore plus difficile la création d'un Etat palestinien. En ces terres arabes, l'atmosphère est radicalement différente de celle qui règne ailleurs en Israël. Ici, pas de grands musées et peu de monuments incontournables, mais on retiendra surtout la chaleur de l'accueil de la population. Récemment, la baisse du niveau de violence a permis à la Cisjordanie de réapparaître sur la carte des tour-opérateurs et les pèlerins commencent à revenir nombreux dans des lieux comme Bethléem ou Jéricho. Parallèlement, plusieurs agences offrent un tourisme alternatif, plus proche des Palestiniens et de leurs difficultés quotidiennes. En voyageant par vos propres moyens, en tant que touriste occidental, vous serez normalement assez peu affecté par les restrictions de circulation qui pèsent au quotidien sur la population locale. Il reste néanmoins important de se renseigner sur les conditions de sécurité avant d'entreprendre un voyage dans la région.

Bethléem

A 9 km au sud de Jérusalem, Bethléem, la ville où le Christ serait né, est un haut lieu du christianisme et des pèlerinages en Terre sainte. Le roi David serait aussi né à Bethléem, et on y trouve également le tombeau de Rachel : c'est donc également une ville sainte pour les Juifs.

Histoire

Bethléem aurait été fondé à l'époque cananéenne, vers 1400 av. J.-C. Le premier nom de Bethléem était probablement Beth Lahmu, la maison de Lahmu (une divinité païenne). Vers 330, Hélène, la mère de l'Empereur Constantin, fit ériger, au-dessus du lieu censé avoir été le théâtre de la naissance de Jésus, l'église de la Nativité. En 638, la ville fut conquise par les Arabes, mais la

L'église au milieu du champ des bergers.

liberté religieuse y fut garantie pour les chrétiens. Des musulmans eux-mêmes venaient prier sur le lieu de la naissance du Christ (qu'ils respectent comme prophète).

La ville fut ensuite prise par les croisés qui l'entourèrent de remparts, puis par Saladin, puis à nouveau par les croisés, par les Turcs, les Mamelouks d'Egypte, les Ottomans, avant d'être sous mandat britannique de 1917 à 1948 comme toute la Palestine. Après la guerre israélo-arabe de 1948, Bethléem se retrouva en territoire jordanien jusqu'en 1967 avant d'être prise par Israël, avec le reste de la Cisjordanie. Depuis 1994, la cité est sous administration de l'Autorité palestinienne.

Bethléem aujourd'hui

Bethléem n'a plus rien à voir avec le typique petit village biblique représenté sur les cartes de Noël. La ville (27 000 habitants) constitue avec les bourgs de Beit Sahour (à l'est), de Beit Jala (à l'ouest) et ses trois camps de réfugiés une agglomération de plus de 60 000 habitants, majoritairement des palestiniens chrétiens et musulmans. Dominée par minarets et clochers, Bethléem montre sa diversité religieuse. La ville est à majorité musulmane (65% de la population), mais elle compte aussi une forte minorité chrétienne (environ le 35%). Au-delà de l'appartenance religieuse, ses habitants se considèrent avant tout des palestiniens et partagent la même culture arabe palestinienne. Son atmosphère de tolérance religieuse, ses rues animées, son marché coloré, ses oliveraies en terrasse et l'accueillance de ses habitants font de Bethléem une ville de laquelle on tombe facilement amoureux.

■ CHURCH OF SAINTE-CATHERINE

L'église Sainte-Catherine a été bâtie à côté de la basilique de la Nativité en 1881 par les franciscains. Et c'est là que, afin de préserver la basilique, est célébrée la messe de minuit le 24 décembre. Celle-ci est retransmise à la télévision dans le monde entier. Un escalier permet d'accèder à plusieurs grottes abritant des chapelles. L'une d'elles serait celle où, en 384, saint Jérome traduisit la Bible en latin. On accède à l'église de la Nativité voisine en traversant un joli cloître franciscain de l'époque des Croisés dans lequel se trouve la statue de saint Jérôme.

■ CHURCH OF THE NATIVITY (ÉGLISE DE LA NATIVITÉ)

L'imposante basilique de la Nativité est l'une des plus vieilles églises au monde. Elle fut édifiée en 323 sur ordre de Constantin, le premier empereur romain à s'être converti au christianisme. Elle se trouve sur le site de la grotte où Marie aurait mis au monde l'Enfant Jésus, d'où son nom. Après avoir été grandement endommagé, pendant la révolte des Samaritains, le bâtiment fut reconstruit en 540 par l'empereur Justinien. Comme l'église du Saint-Sépulcre à Jérusalem, celle-ci est partagée entre les différentes confessions chrétiennes (orthodoxe, catholique et arménienne).

On pénètre dans la basilique par une petite porte, appelée « porte de l'Humilité ». Celle-ci était, à l'origine, beaucoup plus grande, mais ses dimensions furent réduites par les croisés afin de se protéger des envahisseurs. A l'intérieur, il ne subsiste que bien peu des décorations d'origine ou médiévales. Des fragments de mosaïques byzantines datant du XIIe siècle sont toutefois encore visibles sur les murs supérieurs de la nef. Au fil des siècles un nouveau pavement vint recouvrir le sol en mosaïque du VIe siècle qui, aujourd'hui, est visible par des trappes en bois dans l'aile centrale de la basilique. De part et d'autre du chœur, des escaliers conduisent à la grotte de la Nativité.

▸ Grotte de la Nativité : A cet endroit, les pèlerins s'agenouillent pour embrasser l'endroit précis où se serait trouvée la mangeoire contenant l'Enfant Jésus, marqué par une étoile en argent à 14 branches. Le nombre quatorze correspondrait au nombre des générations qui séparent Adam d'Abraham. Sur l'un des côtés de la grotte, la chapelle de la Crèche illustre la Nativité. Face à elle, une autre chapelle célèbre les Rois Mages. L'histoire de la grotte a été plutôt mouvementée. En 1847, l'étoile fut volée. Les trois communautés chrétiennes (orthodoxe, arménienne, catholique) qui se sont toujours disputé la propriété de la grotte s'accusèrent l'une l'autre de vol. L'étoile fut remplacée par une copie, mais les querelles ne s'arrêtèrent pas. Aujourd'hui la gestion de la basilique est partagée entre les trois communautés chrétiennes. Une loi fixe la propriété des sols, des murs, des objets et des offices. Par exemple, la grotte est illuminée jour et nuit par quinze lampes, dont six appartiennent aux orthodoxe, cinq aux arméniens et quatre aux catholiques.

■ MILK GROTTO (GROTTE DU LAIT)

Le site est également appelé Magharet Sitti Mariam ou Grotto of the Lady Mary. La grotte est située sous un chapelle franciscaine. Selon la tradition, c'est ici que la Sainte Famille se serait réfugiée pendant le Massacre des Innocents. Une goutte du lait de Marie tomba sur le sol alors qu'elle allaitait l'Enfant Jésus et transforma la pierre de la grotte en pierre blanche. Il s'agit de craie.

■ MOSQUE OF OMAR

Il s'agit de la seule mosquée de Bethléem. Elle fut nommée ainsi en mémoire du deuxième calife, Omar ibn al-Khattab (581-644), qui conquit Jérusalem et se rendit à Bethléem en l'an 637. La mosquée fut construite en 1860 sur un terrain offert par l'église grecque orthodoxe. Les non-musulmans peuvent la visiter à condition d'être vêtus décemment.

■ RACHEL'S TOMB (TOMBEAU DE RACHEL)

La tombe de Rachel est considérée comme le troisième Lieu saint du judaïsme après le mont du Temple et le tombeau des Patriarches. Le livre de la Genèse rapporte que Rachel mourut en couches près de Bethléem sur la route d'Efrat, et que Jacob éleva un monument sur sa tombe. Le tombeau actuel consiste en un rocher surmonté de onze pierres, chacune pour l'un des onze enfants de Jacob. C'est un lieu de pèlerinage, en particulier pour les femmes qui ne parviennent pas à enfanter. Aujourd'hui le tombeau se trouve derrière le mur de séparation, en territoire israélien.

Ramallah

Située à une dizaine de kilomètres au nord de Jérusalem, Ramallah est la capitale de facto des Territoires palestiniens, bien que la capitale revendiquée soit Jérusalem. C'est également la capitale culturelle de la Palestine. La ville est en effet réputée plus libérale qu'Hébron ou Naplouse. Place forte du Fatah, Ramallah abrite le siège de l'Autorité nationale palestinienne ainsi que le tombeau de Yasser Arafat. Nombre d'ONG et d'expatriés y ont également élu domicile. Malgré une tension latente, parfois perceptible, il y règne une certaine douceur de vivre qui n'existe pas dans les autres villes palestiniennes. Musulmans et chrétiens cohabitent, le commerce bat son plein, la ville compte de nombreux cafés et reste animée la nuit.

Histoire

Ce centre économique important jusqu'à la fin du XIXe siècle abritait une population composée principalement de chrétiens. C'était aussi un lieu de villégiature pour les Palestiniens et Jordaniens les plus aisés, qui venaient profiter du climat doux en été (Ramallah se situe à 900 m au-dessus du niveau de la mer). Depuis 1948, de nombreux réfugiés musulmans provenant de toute la Palestine y ont afflué, et la ville compte aujourd'hui environ 80 000 habitants. Ramallah a d'abord décliné à la suite de la guerre des Six Jours, puis est devenue, dans les années 1980, un centre intellectuel, situé tout à côté de la grande université palestinienne Bir Zeit, fondée en 1924.

© ISTOCKPHOTO.COM/JCARILLET

À la périphérie de Bethléem.

■ MUKATATA (LA MOUQATA'A)

Siège de l'Autorité palestinienne, c'est là que Yasser Arafat fut assiégé et maintenu à résidence pendant deux ans avant son départ vers un hôpital de la région parisienne en octobre 2004. Les bâtiments ont aujourd'hui été reconstruits et c'est là que repose la dépouille de l'ancien dirigeant palestinien, à défaut d'avoir pu être enterrée à Jérusalem. Le tombeau d'Arafat est un cube en marbre de 11 m de côté, entouré d'un bassin et dont le sommet est couvert de versets coraniques.

Naplouse

Le nom arabe Nablous (Nablus en anglais) vient du grec Neapolis, la « ville nouvelle », le nom que lui donna Titus, son fondateur en 72 apr. J.-C. Les Israéliens l'appellent Sichem, du nom de la ville où, selon la Bible, les patriarches Abraham (Gen., XII, 6-7) et Jacob (Gen., XXXIII, 18-20) ont séjourné. Merveilleusement située entre les monts Gerizim et Ebal, Naplouse, avec ses 200 000 habitants, est la première ville de Cisjordanie. Elle est très réputée pour sa production d'huile d'olive et de savon.

Autrefois appelée « petite Damas » en raison de la beauté de sa vieille ville aux fondations datées de 4 500 ans, Napelouse a été très marquée par la Seconde Intifada (qui commença à partir de l'année 2000) et les mesures prises par le gouvernement israéliens qui ont suivi. Les restrictions à la circulation des personnes et des biens ainsi que les bouclages sont fréquents, et Tsahal contrôle tous les accès à partir des checkpoints qui entourent la ville. A Naplouse, les vieilles pierres cohabitent donc avec les armes. Pourtant, avec ses arches, ses vieilles pierres et ses rues étroites, elle serait, une fois restaurée, une des perles de la Méditerranée. Renseignez-vous sur les conditions de sécurité avant de vous y rendre.

■ JACOB'S WELL (PUITS DE JACOB)

Situé dans une église orthodoxe, à l'entrée du camp de réfugiés de Balata, ce puits aurait été creusé par Jacob. C'est également ici qu'une Samaritaine aurait offert de l'eau à Jésus. La petite église croisée sur le site est en cours de restauration.

■ JOSEPH'S TOMB (TOMBEAU DE JOSEPH)

Selon certaines versions, Joseph, le fils de Jacob aurait été enterré sur ce site, devenu l'objet de nombreux conflits entre Juifs et Arabes. Dans les années 1980, des colons juifs installèrent une école religieuse et un petit avant-poste autour du Lieu saint, protégé par l'armée. En 2000, lors de la deuxième Intifada, une foule de Palestiniens en colère les en chassa. Un rabbin fut tué, et la tombe ravagée. Reconstruit rapidement, le tombeau fut néanmoins détruit pour la deuxième fois par un incendie en décembre 2002. D'autres incidents se produisirent les années suivantes, et ce jusqu'en 2012. A ce jour, les visites restent interdites, voire très difficiles.

■ OLD CITY

La vieille ville de Naplouse, al-qasabah, est un labyrinthe de ruelles animées. Dans le souk, sur les étals des marchands se mélangent fruits, légumes, pâtisseries et toute une artillerie de babioles, tissus multicolores et instruments électroniques… Les gamins courent dans les rues, avec en toile de fond, des murs emmaillés d'affiches de martyrs. Bien que très endommagée par l'armée israélienne, la vieille ville abrite encore de nombreux bâtiments historiques. Dans le ciel de Naplouse, se dessinent pas moins de trente minarets dont l'un des plus impressionnants appartient à la mosquée Al-Nasr.

■ SAMARIE (SHOMRON)

Ce site est celui des très belles ruines de Samarie (ou Shomron, ou encore Samaria, Sebastia). Samarie fut fondée en 876 av. J.-C. comme capitale du royaume d'Israël (le royaume du Nord). Elle fut prise en 722 avant J.-C. par le souverain assyrien Sargon II, qui la détruisit. Reconstruite peu de temps après, elle fut active jusqu'au IIe siècle avant avant J.-C avant de tomber à nouveau. Les ruines visibles actuellement, principalement un théâtre et un forum, remontent à l'époque romaine : la ville avait alors été rebaptisée Sébaste par Hérode le Grand, qui en prit possession vers 30 avant J.-C.

■ SAMARITAN MUSEUM

Les Samaritains, dont la religion est appelée samaritanisme, se définissent comme descendants des anciens Israélites. Ils constituent l'une des plus anciennes populations dotées d'une histoire écrite. Leur existence est attestée dès le Ier millénaire av. J.-C. en Samarie. Alors qu'ils étaient plus de 1 200 000 au Ve siècle, leur population actuelle n'avoisine plus que 750 personnes. Ce musée, situé sur l'un des lieux sacrés de la communauté, vous permettra d'en apprendre davantage sur son histoire et ses rites religieux.

Jéricho

Situé à l'est de Jérusalem, dans la vallée du Jourdain, au nord de la mer Morte, le site de Jéricho fut occupé dès 8000 avant J.-C. La ville revendique d'ailleurs le titre de plus vieille cité au monde.

Selon la Bible, Jéricho fut la première conquête des Hébreux, avec, à leur tête, Josué, au retour d'Egypte : les murailles se seraient effondrées au seul son du « chofar », le cor sacré (et non des « trompettes de Jéricho »). Pour les chrétiens, Jéricho est l'endroit où Jean le Baptiste a reçu son propre baptême, où Jésus a guéri deux aveugles et où a eu lieu la Tentation du Christ.

La ville actuelle, appelée « Yeriha » par les Arabes, se trouve à 2 km à l'est de l'ancien site. Plusieurs milliers de Palestiniens s'y réfugièrent lors de la guerre d'Indépendance de 1948 et y demeurèrent ensuite malgré la guerre des Six Jours. Aujourd'hui, elle compte environ 20 000 habitants. Jéricho n'est pas une ville ordinaire : elle a bénéficié du même statut d'autonomie que Gaza, dès les accords d'Oslo en 1993. Après une période de réoccupation israélienne pendant la seconde Intifada, Jéricho a été rendu à l'Autorité palestinienne, le 16 mars 2005. Cependant, un an plus tard, la ville a été le théâtre de violents affrontements avec l'armée israélienne qui a attaqué la prison de Jéricho pour s'emparer de six activistes palestiniens, dont Ahmed Saadat, secrétaire général du Front populaire pour la libération de la Palestine (FPLP). Ceux-ci étaient détenus dans cette prison de l'Autorité palestinienne depuis 2001 pour avoir ordonné l'assassinat d'un ministre israélien, Rehavam Zeevi, un ami personnel d'Ariel Sharon (ex-Premier ministre israélien). Les observateurs britanniques et américains présents dans la prison s'étaient retirés quelques heures avant ce raid de l'armée israé-

lienne, qui a fait deux morts et plus de 20 blessés.
Aujourd'hui, la sécurité autour de Jéricho est particulièrement renforcée, et les touristes commencent tout doucement à revenir.

■ HISHAM PALACE (KHIRBET EL MAFJAR)

Les ruines du palais d'Hisham (Khirbet el-Mafjer) sont celles du principal monument de la ville. Le bâtiment fut construit vers 730, sous le règne d'Hisham, le 8e calife de la dynastie omeyyade, mais ne fut habité que par son successeur. Un tremblement de terre en 747 endommagea fortement l'édifice, que Saladin tenta de restaurer au XIIe siècle, sans succès. L'accumulation de débris aida à sa conservation jusqu'à sa mise au jour par les archéologues.
Ce palais est à rapprocher des « châteaux du désert », au nord-est de la Jordanie. Il servait de résidence secondaire au calife Omeyyade qui régnait à Damas, la capitale de la Grande Syrie, et qui vint ici pour se détendre et se divertir. Le site comptait un palais, une mosquée et d'immenses thermes, le tout richement décoré. Une enceinte ponctuée de tours circulaires disposées à intervalle régulier encadre l'ensemble. On imagine facilement la grandeur et le faste des lieux en le parcourant.La visite commence par une cour dont le bassin est pavé de mosaïques et agrémenté d'une fontaine. Au sud-ouest, une large entrée mène, à travers un vestibule meublé de banquettes en pierre, au palais proprement dit, entouré d'une cour à colonnade. La façade était ornée de fenêtres à arches sur deux niveaux. Face à l'entrée, le hall de réception est précédé de l'accès au *serdab*, pièce fraîche pour l'été. Au sud, se trouvait une petite mosquée dont on a retrouvé les vestiges d'un minaret. Le nord de la cour abritait des écuries. Tout le bâtiment était orné de sculptures en pierre et en stuc (matériau d'origine iranienne) et de peintures, dont l'entrée et le hall sont plus particulièrement soignés. Le décor est floral, animalier, et compte des représentations féminines, notamment des danseuses relevant de la thématique des plaisirs princiers, thème récurrent dans l'art islamique des époques suivantes.La mosquée principale, à laquelle on accède par le palais mais aussi depuis l'extérieur, est précédée d'une grande cour constituée de deux nefs.

▶ **Les bains :** l'entrée principale, à l'est, est dominée par la statue du calife posée sur un piédestal orné de deux lions. Seize piliers en faisceaux supportaient un dôme central. Le sol de la piscine est couvert d'un pavement en mosaïque. La clé du dôme est ornée d'une rosette en stuc ornée de visages humains encerclant des feuilles d'acanthes. Les pendentifs sont décorés de chevaux ailés. Une seconde entrée à l'angle sud-ouest avait probablement une fonction privée : elle permettait de rejoindre les bains directement depuis le palais par l'intermédiaire d'une double colonnade. Cette pièce était probablement réservée au prince. La superbe mosaïque au sol et aux murs est un bel arbre vert luxuriant avec à ses pieds à droite un lion attaquant une biche, et à gauche deux autres biches paisibles. L'interprétation varie, mais le lion représenterait le prince et les biches ses femmes (son harem).

■ MONASTERY OF SAINT GEORGE OF KOZIBA

Situé à l'est de Jéricho, le Wadi Qelt est un cours d'eau temporaire serpentant entre les collines sèches de Judée. Le monastère Saint-Georges se niche dans la falaise même de cette vallée aride et encaissée.

Des ermites ont probablement habité ici avant de construire un premier monastère au Ve-VIe siècles ap. J.-C. Durant l'invasion perse en 614, il fut détruit et beaucoup de moines furent assassinés. Les crânes et momies de ces derniers sont visibles à l'intérieur de l'église. Le monastère actuel, à part cette chapelle ancienne, a été construit au début du XXe siècle. Les bâtiments actuels sont habités par des moines grecs orthodoxes.

Un chemin de randonnée de 15 km qui commence au pied des sources du Wadi Quelt (à côté du palace d'Hérode dans Jéricho) mène ici. Vous pouvez aussi prendre l'ancienne route qui y menait depuis le centre de la ville. Elle est coupée depuis la construction de la colonie juive à côté du monastère. En été, l'endroit étant particulièrement chaud, munissez-vous d'un couvre-chef et d'eau en quantité suffisante, mais n'oubliez pas non plus une chemise et un pantalon long pour la visite du monastère.

■ MONASTERY OF THE TEMPTATION

Le premier monastère fut construit par les Byzantins au VIe siècle ap. J.-C., au-dessus des grottes où Jésus aurait passé 40 jours et 40 nuits priant et méditant dans le désert. C'est sur cette montagne qu'il aurait été tenté par le Diable durant la « tentation de Satan ».

© TOM PEPEIRA - ICONOTEC

Aperçu du monastère Saint-Georges depuis le désert de Judée.

Ce monastère troglodyte grec orthodoxe contemple Jéricho et la vallée verdoyante de la vallée du Jourdain de 350 mètres. Construit à flanc de falaise, de pierres ocre, il se fond à tel point dans le paysage que vous n'apercevez l'édifice qu'en vous rapprochant. La façade extérieure fut construite en 1895 autour d'une grotte aménagée en chapelle marquant la pierre où Jésus aurait prié. Aujourd'hui trois moines orthodoxes gardent l'édifice. De très anciens tableaux représentant la Vierge Marie et l'enfant Jesus s'y trouvent, de même que les chapelles byzantines toutes peintes de représentations bibliques couleurs vives, avec une sobriété propre aux édifices du début du christianisme. Les caves sacrées sont impressionnantes, même pour les non-croyants. L'une d'elles n'est accessible qu'au moyen d'une échelle. Des centaines de petits papiers portant les vœux des personnes passées ici, quelquefois accompagnées de photos, ont été laissés à l'attention de Dieu.
Sur le site, se trouvent également les vestiges d'une forteresse appelée Doq, construite par les Séleucides. C'est ici que Simon Maccabaeus fut assassiné par son beau-fils Ptolémée.

■ TEL JERICHO (OU TEL AS-SULTAN)

Les vestiges ne sont pas spectaculaires mais ils sont significatifs de l'histoire de l'humanité. Dans ce nouvel environnement tempéré, les tribus nouvellement sédentaires érigent les premières maisons et plantent leurs premières cultures, c'est la plus ancienne ville jamais trouvée. Le premier village sur ce site a été construit il y a 12 000 à 11 000 ans. Selon les fouilles successives, les premières habitations sont caractérisées par des petites constructions circulaires en argile et briques de terre séchée au soleil, dont le sol était couvert d'ossements d'animaux amassés au cours de parties de chasse, de silex mortiers et des graines de céréales sauvages ou domestiques. Le foyer était situé à l'extérieur de la maison. Environ 9 400 ans av. J.-C, près de 70 maisons existaient à Jéricho soit 2 000 à 3 000 personnes, ainsi qu'un massif mur de pierres de 3,5 m de haut et 1,8 m d'épaissseur. Une tour à l'intérieur du mur est la première jamais construite par l'homme de 9 m de diamètre. Cette muraille défensive servait à protéger le village des crues du Jourdain. Des objets décoratifs ont été retrouvés, notamment dix crânes modelés plâtrés et peints, coquillages pour les yeux, afin de reconstituer l'apparence humaine, il s'agit donc du premier « portrait » d'art jamais conçu par les humains, que l'on gardait dans les maisons alors que le corps était enterré. Les vestiges retrouvés sur le site témoignent d'une prospérité relative à l'âge de bronze moyen (vers 1700 av. J.-C.), à l'époque où la ville s'est étendue.

Hébron

Hébron est appelée par les Arabes Al-Khalil, c'est-à-dire « l'ami », en hommage à Abraham, « l'ami du Seigneur ». Considérée comme l'une des plus anciennes villes du monde, elle compte à ce jour près de 200 000 habitants. Renommée depuis des siècles, Hébron est davantage connue pour être la gardienne du Tombeau des Patriarches, un lieu saint majeur pour les 3 religions monothéistes mais aussi une source de bien des conflits.

Histoire récente

A la suite de la conquête de la Cisjordanie par Israël en 1967, lors de la fête de Pessah l'année suivante, un petit groupe de religieux extrémistes s'installe au centre d'Hébron. La ville est alors exclusivement arabe, mais les Juifs ne sont pas inquiétés outre mesure par la population. L'armée israélienne les presse de quitter les lieux une fois la semaine de fête terminée, mais ils refusent : ils veulent repeupler le quartier juif de Hébron, déserté lors de la révolte arabe de 1929. Après plusieurs mois d'âpres négociations, un compromis est trouvé. Les religieux peuvent s'installer temporairement dans un camp militaire désaffecté, en bordure de la ville. Petit à petit, les baraques et les tentes ont fait place à la colonie de Kiryat Arba, la « ville des quatre clans » (nom qui apparaît dans la Bible comme synonyme d'Hébron), dont la population atteint aujourd'hui 7 500 personnes. En tout, c'est environ 17 colonies qui ont poussé dans les environs d'Hébron, et des colons se sont également réimplantés dans le quartier juif d'Hébron : autour du Caveau des Patriarches, quelque 600 colons des plus radicaux vivent sous haute protection de l'armée israélienne. Seuls les Palestiniens résidant dans ce quartier peuvent désormais le traverser. Et les Juifs ont interdiction de se rendre dans le quartier arabe. Malgré cela, chaque jour, on déplore des incidents entre les colons et la population palestinienne.

■ CAVE OF THE PATRIARCHS (TOMBEAU DES PATRIARCHES)

Avant que sa femme Sarah ne donne naissance à Isaac, Abraham aurait eu de sa servante Agar un premier fils, Ismaël, qui, selon la tradition musulmane, serait l'ancêtre des Arabes. Abraham serait enterré à Hébron, dans le tombeau des Patriarches, ou Haram-al-Khalil. Pour les musulmans, c'est le « sanctuaire de l'ami ». Les Juifs, quant à eux, l'appellent « le tombeau des doubles tombes ». En effet, selon la tradition juive, quatre couples bibliques majeurs y seraient enterrés : Adam et Eve ; Abraham et Sarah ; Isaac et Rebecca, ainsi que Jacob et Léa. Il s'agit du second Lieu saint du judaïsme après le mont du Temple. Le site fut fortifié par Hérode. Au VIIe siècle, les musulmans transformèrent le monument funéraire en mosquée, connue sous le nom de mosquée d'Ibrahim. Jusqu'à la guerre des Six Jours, son accès resta interdit aux Juifs. Après la conquête d'Hébron en 1967, les Israéliens transformèrent à leur tour une partie de la mosquée, celle où se trouvait le tombeau de Jacob, en synagogue. Aujourd'hui, le lieu est sévèrement gardé, et rares sont les touristes qui osent s'aventurer jusqu'ici. Les visiteurs sont fouillés à l'entrée.

Scène de vie dans le quartier palestinien de Jérusalem.

PENSE FUTÉ

Pense futé

Adresses utiles

■ AMBASSADE D'ISRAËL EN FRANCE
3, rue Rabelais (8e)
Paris ✆ 01 40 76 55 00
www.amb-israel.fr
ambassade@par.mfa.gov.il

■ OFFICE NATIONAL ISRAÉLIEN DU TOURISME
22, rue des Capucines (2e)
Paris ✆ 01 42 61 01 97 /
✆ 01 42 61 03 67
www.otisrael.com
infos@otisrael.com

Argent

En Israël, l'unité monétaire est le nouveau shekel (abréviation : NIS, code ISO ILS). Un shekel comprend 100 agorots. Il existe des billets de 200, 100, 50 et 20 shekels, des pièces de monnaie de 10, 5, 2 et de 1 shekel(s) et de 50 et 10 agorots. Le taux de change en octobre 2013 était le suivant : 1 € = 4,80 NIS ; 1 NIS = 0,20 €.

© CÉLINE MAGNIN
Préparation d'houmous.

Bagages

▸ **En été,** seuls les randonneurs partiront un peu moins légers, emportant avant tout de bonnes chaussures de marche, à la fois légères (en raison de la chaleur) et solides, car les pierres (par endroits volcaniques) du Néguev sont assez abrasives, à tel point qu'il peut être futé de prévoir des lacets de rechange. En hiver, les chaussures devront aussi être imperméables.

▸ **En hiver,** mais aussi pour les soirées estivales, en montagne ou dans le désert notamment, prévoyez également quelques vêtements chauds, ainsi qu'un imperméable ou un coupe-vent (même en été). Pensez aussi à emporter, outre des shorts, un pantalon léger qui vous sera utile dans les villes et surtout dans les lieux religieux.

Électricité

En Israël, l'alimentation en courant électrique est de 220 volts, comme en Europe. La plupart des prises de

Faire - Ne pas faire

Faire

- **Goûter à l'houmous, aux falafels, à la pita** *mais aussi aux fruits et légumes des kibboutzim, aux vins du Golan, de Judée ou de Sde Boker, à la bière palestinienne.*
- **Ne pas limiter son voyage à une seule destination** *mais diversifier ses visites. Si Jerusalem, Tel Aviv et Eilat, sont les villes les plus touristiques, Nazareth, Acre, Haïfa, Safed ou Betlhéem, entre autres, ont également beaucoup à offrir.*
- **Suivre sans difficulté les injonctions des policiers et des militaires** *et présenter son sac ouvert aux agents en entrant dans les lieux publics.*

Ne pas faire

- **Eviter d'exprimer des jugements tranchés sur la politique ou la religion.** *Laissez parler vos interlocuteurs, dont les idées risquent de vous surprendre : chaque Israélien, chaque Palestinien a sa conception de l'avenir du pays.*
- **Respecter les règles d'accès aux lieux de culte.** *Les shorts et autres tenues légères sont malvenus. Les hommes se découvriront dans les églises et se couvriront la tête dans les synagogues (des kippas sont disponibles à l'entrée). Les femmes devront se couvrir la tête d'un foulard pour entrer dans une mosquée. Retirer ses chaussures à l'entrée d'une mosquée.*
- **Ne pas prendre de photos des installations militaires,** *des checkpoints, postes-frontière…*

courant sont compatibles avec les standards européens.

Formalités

Pour entrer en Israël, il vous suffit d'être en possession d'un passeport en cours de validité (valide de préférence encore 6 mois après le voyage).

Langues parlées

L'hébreu est la langue officielle et l'arabe, la seconde langue du pays, n'est parlé quasiment que par les Arabes (qui parlent aussi hébreu). L'anglais est parlé par un grand nombre d'Israéliens, dont la quasi-totalité des jeunes, et également par les Palestiniens. Les habitants d'Israël venant du monde entier, d'autres langues sont couramment comprises, comme le français (notamment parmi les Juifs d'Afrique du Nord.), l'allemand, le yiddish, l'espagnol et le russe.

Quand partir ?

Mieux vaut éviter les périodes de fêtes juives, pendant lesquelles la plupart des commerces sont fermés, les transports publics plus que limités et les prix des hôtels augmentés.Sinon, Israël peut se visiter toute l'année. Les meilleures saisons sont le printemps ou l'automne, quand les températures ne sont pas encore trop élevées.

C'est aussi pendant ces mois que la lumière est la plus belle, alors que les ciels d'été sont souvent nébuleux.En hiver, le Sud est plus agréable que le Nord, pluvieux, alors qu'il risque de sembler trop chaud en été. Les randonnées peuvent se faire en toute saison. Quant à la période de Noël, mieux vaut ne pas craindre la foule, surtout si l'on souhaite assister à la messe de minuit à Bethléem.

Santé

Il n'y a aucun problème sanitaire particulier à recenser.

Sécurité

Usages locaux. D'une manière générale, respectez les usages particuliers aux différentes religions dans les lieux de culte ou de pèlerinage.

Attentats. En Israël, les derniers attentats perpétrés rappellent que, malgré leur baisse par rapport aux années précédentes, des actes terroristes peuvent intervenir à tout moment. Cependant, contrairement à d'autres pays, les attentats ne visent pas directement les touristes, et les risques d'être touché restent minimes.

Vente d'épices.

Mesures de sécurité. Pendant votre séjour, vous ne pourrez ignorer les mesures sécuritaires draconiennes des Israéliens. La sécurité oblige aussi à se plier à quelques règles.
Ainsi, votre sac sera fouillé à l'entrée d'une gare, d'un centre commercial, d'un musée, mais aussi d'un bar, d'un restaurant ou d'un marché.

Sécurité dans les Territoires palestiniens. En Cisjordanie, la sécurité reste précaire dans certaines localités et aléatoire sur l'ensemble du territoire : barrages, risques de bouclages, d'incursions israéliennes, tensions inter-palestiniennes. Il est aussi conseillé de suivre l'actualité avant et pendant le voyage.

Téléphone

Pour appeler d'Israël vers la France, composez le + 33 suivi du numéro de votre correspondant sans le 0.

Pour appeler de France en Israël, composez le 00 + 972 + indicatif régional sans zéro + les 7 chiffres du numéro local. Pour les Territoires palestiniens, les indicatifs téléphoniques internationaux utilisables sont le +972 et +970. En cas de problème pour joindre votre correspondant essayer l'autre indicatif.

Téléphoner à l'intérieur d'Israël : indicatif régional avec zéro + les 7 chiffres du numéro local.

Index

Partagez vos bons plans sur Israël

Faites-nous part de vos expériences et découvertes. Elles permettront d'améliorer les guides du Petit Futé et seront utiles à de futurs voyageurs. Pour les hôtels, restaurants et commerces, merci de bien préciser avant votre commentaire détaillé l'adresse complète, le téléphone et le moyen de s'y rendre ainsi qu'une indication de budget. Dès lors que vous nous adressez vos bons plans, vous nous autorisez à les publier gracieusement en courrier des lecteurs dans nos guides ou sur notre site internet. Bien sûr, vous n'êtes pas limité à cette page... Merci d'adresser vos courriers à PETIT FUTE VOYAGE, 18 rue des Volontaires, 75015 Paris ou infopays@petitfute.com

■ Qui êtes-vous ?

Nom et prénom ....

Adresse ....

E-mail .... Quel âge avez-vous ? ....

Avez-vous des enfants ? ❑ Oui (combien ?) ❑ Non

Comment voyagez-vous ? ❑ Seul ❑ En voyage organisé

Profession : ❑ Etudiant ❑ Sans profession ❑ Retraité

❑ Profession libérale ❑ Fonctionnaire ❑ Commerçant

❑ Autres ....

■ Quels sont, à votre avis, les qualités et défauts des guides Petit Futé ?

....

....

....

■ Votre bon plan

Nom de l'établissement : ....

Adresse : ....

Téléphone : ....

S'y rendre : ....

Budget : ....

Votre avis : ....

....

....

■ CARNET DE VOYAGE ISRAËL 2015 ■

ÉDITIONS DOMINIQUE AUZIAS & ASSOCIÉS©
18, rue des Volontaires - 75015 Paris
Tél. : 33 1 53 69 70 00 - Fax : 33 1 53 69 70 62
Petit Futé, Petit Malin, Globe Trotter, Country Guides et City Guides sont des marques déposées ™®©
Couverture : © NICKOLAYV
Imprimé en France par
IMPRIMERIE CHIRAT - 42540 Saint-Just-la-Pendue
Dépôt légal : janvier 2015
ISBN : 9782746986282

Pour nous contacter par email, indiquez le nom de famille en minuscule suivi de @petitfute.com
Pour le courrier des lecteurs : country@petitfute.com